Herausgegeben von:
Regula Wloemer
Heinz Stauffer
Ueli Tobler

Jahreszeiten –
Lebenszeiten

Bäuerinnen und Bauern erzählen

Blaukreuz-Verlag Bern

© Blaukreuz-Verlag Bern 2009
Lindenrain 5a, 3012 Bern, Internet: www.blaukreuzverlag.ch,
Tel. 031 300 58 66 (Die Rechte der einzelnen Texte liegen beim Verlag)
Bildnachweise: Bei den Bildlegenden vermerkt.
Bilder Seite 6 bis 19: Autoren
Illustrationen: Katharina Häberli, Rubigen BE
Satz: Blue Beret Werbeagentur, Thun BE
Umschlag Bilder: Vorne links: Esther Eigenmann-Egli (Peter Egli
beim Herstellen von Butter); alle anderen Bilder L. Lepperhoff
Herstellung: Ebner-Spiegel, Ulm
ISBN 978-3-85580-466-5

Die Herausgabe dieses Werkes wurde ermöglicht durch die Un-
terstützung von:
– Ökonomische und Gemeinnützige Gesellschaft des Kantons
  Bern OGG
– Reformierte Kirchen Bern-Jura-Solothurn
– Schweizerischer Bäuerinnen- und Landfrauenverband SBLV
– Schweizerischer Bauernverband SBV
– Schweizerische Reformierte Arbeitsgemeinschaft Kirche und
  Landwirtschaft SRAKLA
– Schweizerische Katholische Bauernvereinigung SKBV

Herausgeber und Verlag bedanken sich herzlich für diese wert-
volle Unterstützung.

Autorenverzeichnis der Bäuerinnen und Bauern

- Aebi, Thea (Alchenstorf BE)
- Affolter, Jacqueline (Wynigen BE)
- Affolter-Schweizer, Margrit (Riedtwil BE)
- Alt, Jakob (Oetwil an der Limmat ZH)
- Bänninger-Meier, Marianne (Oberembrach ZH)
- Berweger, Elisabeth (Stein AR)
- Büsser, Dominik (Rapperswil-Jona SG)
- Egli, Peter (Nesslau SG)
- Ehrat-Gysel, Ernst (Lohn SH)
- Etter-Clavadetscher, Uorschlina (Strada GR)
- Feurer, Erich (Sulzbach ZH)
- Flachsmann-Baumgartner, Lydia (Ossingen bei Andelfingen ZH)
- Geissbühler, Frieda (Rüegsbach BE)
- Gerber, Willy (Laupersdorf SO)
- Grob, Frieda (Schlattlingen TG)
- Heiniger, Erika (Heimisbach BE)
- Hadorn, Lydia (Forst-Längenbühl BE)
- Johner-Etter, Ueli (Kerzers FR)
- Jordi, Alice (Zürich ZH)
- Keiser, Willy (Gerlafingen SO)
- Künzi, Claudia (Maschwanden ZH)
- Monaco-Lehmann, Esther (Gerra Gambarogno TI)
- Perreten, Barbara (Lauenen BE)
- Ritzmann, Rosmarie (Turbenthal ZH)
- Salvisberg, Hanni (Rosshäusern BE)
- Streit-Etter, Frieda (Müntschemier BE)
- Wigger, Mathilde (Rengg/Entlebuch LU)
- Zurbrügg, Elisabeth (Dotzigen BE)

Autorenverzeichnis der übrigen Beiträge

- Beyeler, Käthi (Oberflachs AG)
- Lepperhoff, Lars (Blaukreuz-Verlag Bern)
- Nussbaumer, Jakob (Gwatt BE)
- Schmid, Christian (Schweizer Radio DRS, Zürich)
- Stauffer, Heinz (Seftigen BE)
- Tobler, Ueli (Müntschemier BE)
- Wloemer, Regula (Oberhünigen BE)

Illustrationen

- Häberli, Katharina (Rubigen BE)

Bild: Katharina Häberli

Was i ha

Stotzigi Matte　　　　　　　o no Geisse
weni Schatte　　　　　　　 äs Bähnli zum Göisse

liechti Chüeh　　　　　　　eigets Holz
mi liebi Müeh　　　　　　　Burestolz

es uralts Huus　　　　　　　Liebi zum Tal
dr nötig Pfuus　　　　　　　e Bruef nach Wahl

ke Fernseh　　　　　　　　 uf dreine Stuefe Ställ
kes Heiweh　　　　　　　　 ordeli Gfehl

e gueti Frou　　　　　　　　weni Gäld
Nüss vom Boum　　　　　　　so hanis gwählt

e herte Gring
gsungi Ching

Ueli Tobler, 24. Juni 2005,
Besuch auf einem Bergbauernhof im Schächental

Regula Wloemer

Regula Wloemer-König wurde 1956 in Bern geboren und wuchs als ältestes von drei Geschwistern in Stettlen bei Worb auf. Das Studium der Theologie absolvierte sie in Bern und Tübingen (D). Sie war Vikarin bei Pfarrer Ueli Tobler, danach 17 ½ Jahre Pfarrerin in Walperswil-Bühl, bevor sie im Sommer 2001 nach Oberthal in die Kirchgemeinde Grosshöchstetten kam. Mit ihrem Mann Klaus, der als Musiker und Lehrer in Bern arbeitet und seit wenigen Jahren christkatholischer Pfarrer ist,

wohnt sie im Emmental, abgelegen, aber mit sehr guter Nachbarschaft auf 920 m Höhe. Mit Mann und Hunden ist sie gerne in der Natur. Mit der Landbevölkerung ist sie auch durch ihr langjähriges Engagement in der SRAKLA (Schweizerische Reformierte Arbeitsgemeinschaft Kirche und Landwirtschaft) verbunden. Neben der Musik liebt sie das Lesen. Zusammen mit Heinz Stauffer traf sie – aus der grossen Fülle der Beiträge – die nun vorliegende Auswahl für das Buch «Jahreszeiten – Lebenszeiten, Bäuerinnen und Bauern erzählen».

Heinz Stauffer

Geboren 1942 in Wattenwil bei Thun, dort auch aufgewachsen. Schriftsetzerlehre, Korrektor, Besuch des Berner Abendgymnasiums, Theologiestudium an der Universität Bern. Als Pfarrer tätig in Gampelen/Witzwil, Aarberg und Amsoldingen. Verheiratet, drei Kinder und vier Enkelkinder. Nebst der beruflichen Tätigkeit als Pfarrer auch Schriftsteller. Insgesamt zehn Titel wurden veröffentlicht, davon neun in Berner Mundart; dazu viele Zeitungskolumnen und Rezensionen sowie Beiträge für Anthologien. Seit einer Herzoperation im Jahr 2000 im Rollstuhl und wohnhaft in Seftigen BE. Mitglied des Bernischen Schriftstellervereins; viele Lesungen und Radiobeiträge.

Ueli Tobler

Ueli Tobler, 1950 geboren, wuchs in der Stadt Bern auf, wo seine Eltern eine Kinderarzt-Praxis führten. Als Pfadfinder hat er das Landleben kennen gelernt, wenn seine Gruppe auf Bauernhöfen im Stroh übernachten oder auf gemähten Wiesen die Zelte aufstellen durfte. Prägend waren für ihn die Herbstferien im Landdienst und der Landwirtschafts-Einsatz in Israel. 1975 heiratete er Elisabeth Stämpfli, eine Bauerntochter aus Meikirch. Die Vorbereitungen für das Schlussexamen in der Theologie liefen neben praktischen Arbeiten auf dem Bauernbetrieb her und wurden sehr abwechslungsreich. Es folgte ein Jahr Spitalpfarramt in Boston/USA. Von dort zog das Ehepaar ins Seeland, wo Ueli Tobler seit 1976 als Seelsorger in den Dörfern Brüttelen, Treiten und Müntschemier der Kirchgemeinde Ins tätig ist. 1994 war er bei der Gründung der Schweizerischen Reformierten Arbeitsgemeinschaft Kirche und Landwirtschaft SRAKLA dabei, 1996 bei der Gründung des Bäuerlichen Sorgentelefons 041 820 02 15 (www.bauernfa milie.ch). Durch die SRAKLA lernte er die Vielseitigkeit und Verschiedenartigkeit der Landwirtschaft in der Schweiz und auch im Ausland kennen. Seit letztem Jahr gehört er zur Gruppe der sechs Männer, welche die Tradition des Rebbaus in Müntschemier wieder aufgenommen haben. Müntschemier liegt mitten im Grossen Moos, dem grössten Gemüsegarten der Schweiz. Ein Sohn von Ueli und Elisabeth Tobler lebt mit Frau und Tochter in Basel, der andere ist gestorben. Die Tochter lebt mit ihrem Mann im Seeland. Ueli Tobler ist immer wieder auch als Schriftsteller tätig. Er schreibt wöchentlich für die «Reformierten Medien» einen kleinen Artikel aus der Welt der Landwirtschaft und des Landpfarramtes (http://blogs.ref.ch/tobler.php).

D SRAKLA besteit jetz sit zäh Jahr.
Was das heisst, isch nid allne klar.
Schwizerisch Reformierti Arbitsgmeinschaft
für d Chilche (K) u für d LAndwirtschaft.

I däm Arbitskreis wird gschaffet, diskutiert,
wes nötig isch, bim Bundesrat reklamiert.
Für d Gmües-, Milch-, Fleisch- oder Beeripure,
wo sech jede Tag ufraffe,
probiere si grächti Bedingige z schaffe.

Da derzue müesse alli Konsumänte hälfe,
u nid ds Billigschte vom Usland choufe.

Ou ds Sorgetelefon isch es SRAKLA-Chind.
Wär's ufsuecht, fingt dert sicher e guete Rat.
Für dä Zwäck git's dä wichtig Draht.

Zämearbit mit de Katholikinne u Katholike
isch erfröilech guet,
so macht me sich gägesitig Muet.
Was o wichtig isch: über d Gränze z luege,
ob näb üs nid aus gheit us de Fuege.

Es Aalige vo dr SRAKLA isch natürlech ou,
dass nach dr arbeitsryche Wuche
Zyt blybt, für d Chile z bsueche.

Mir törfe nid vergässe,
dr Mönsch brucht nid nume z Ässe.
O d Rueh u d Fröhlechkeit darfsch nid vergässe,
drum söll grad d Chilche wyterhi
e gsägnet gueti Tankstell sy.

Käthi Beyeler*, Oberflachs AG

* Käthi Beyeler, geboren 1951, wohnt in Oberflachs AG, ist verheiratet und hat drei Söhne. Familie Beyeler betreibt mit zwei erwachsenen Söhnen eine Kälbermast und Ackerbau, hält Leghennen mit Aufzucht und pflegt Reben. Käthi Beyeler betreut auch ihre betagte Mutter, die mit in der Familie wohnt, und arbeitet im Kirchgemeinderat Veltheim-Oberflachs mit. Sie dichtet und wandert gerne. Zudem unterstützt sie ihren Mann Ernst in seinen vielfältigen Aufgaben. Er ist beispielsweise auch Präsident der SRAKLA.

Die SRAKLA ist die Schweizerische Reformierte Arbeitsgemeinschaft Kirche und Landwirtschaft und wurde 1994 gegründet. Die SRAKLA
– trägt ethisch-soziale Fragen in die Landwirtschaft
– befasst sich mit den Grundwerten und der sozialen Nachhaltigkeit agrarpolitischer Fragen
– bearbeitet landwirtschaftliche Fragen aus christlicher Sicht
– sensibilisiert die Kirche für die Minderheit Bauernfamilien
– begleitet die Bäuerinnen und Bauern in einer bewegten Zeit einschneidender Veränderungen
– ist eine der Trägerorganisationen des Bäuerlichen Sorgentelefons 041 820 02 15, www.bauernfamilie.ch

«Vorwort» – ein Wort zu dem, was vor dem Wort kommt. In diesem Buch kommen Autorinnen und Autoren zu Wort, bei denen dem Wort sehr viel vorausgegangen ist: Die Arbeit auf dem Feld, im Moos, im Stall, im Garten, im Haushalt – die Arbeit von Bäuerin und Bauer.

Während ihrer Arbeit beobachten Bäuerinnen und Bauern den Lauf der Jahreszeiten, das Werden, Wachsen und Vergehen in der Natur und fragen sich: Wie wird das Wetter? Wann soll ich säen? Ist der Zeitpunkt der Ernte schon da? Wird die Kuh diese Nacht kalben? Ist das der Wintereinbruch? Oder gibt es noch ein Martinssömmerlein?

Die Jahreszeiten bestimmen das Vor-Wort und das Wort.

Immer wieder wird es Frühling, Sommer, Herbst und Winter. So reiht sich Jahr an Jahr. Im Werden, Wachsen und Vergehen draussen spiegelt sich das Werden, Wachsen und Vergehen in der Familie. Kinder kommen zur Welt, werden grösser, fliegen aus, übernehmen die Verantwortung auf dem Hof. Aus Schwiegertöchtern werden Schwiegermütter und Grossmütter. Aus Söhnen werden Väter und Grossväter. Aus Kleinen werden Grosse, aus Schwachen Starke, aus Starken Schwache. Das erfährt die Bauernfamilie im direkten Zusammenleben und Zusammenarbeiten der Generationen.

Aus den Jahreszeiten wachsen die Lebenszeiten. Sie bilden das zweite Vor-Wort zum Wort, zu den Geschichten und Gedichten dieses Buches.

Eine Besonderheit dieses Buches ist die Fülle der Vor-Wörter. Die Porträts der Autorinnen und Autoren geben uns eine Ahnung davon.

Das Buch zeichnet sich auch aus durch die Fülle der Wörter. Die meisten sind in der uns gewohnten Schriftsprache, dem Schriftdeutschen, aufgeschrieben. Sehr bewusst wähle ich nicht das Wort «Hochdeutsch». Denn das könnte auf ein tieferes Deutsch, quasi ein Deutsch auf tieferem Niveau, schliessen lassen. Das trifft aber auf die uns lieben Dialekte nicht zu. Unsere Dialekte haben eine unglaubliche Vielfalt an Wörtern, Ausdrücken und Bildern, die aus dem Erleben der Jahreszeiten und Lebenszeiten fliessen; wie aus einem Brunnen, der Tag für Tag, Jahr für Jahr, seit Generationen auf dem Hof plätschert und mit seiner Melodie die Vor-Wörter und Wörter begleitet.

Ein Vor-Wort vor dem Wort? – Als Pfarrer habe ich es doch im Ohr: «Am Anfang war das Wort!» Ich meine es so: Das Wort, das ganz am Anfang steht, ist die Quelle, aus der alle Vor-Wörter und Wörter fliessen. Unter den Gedichten und Geschichten sind einige, die direkt, andere mehr indirekt, den Glauben ansprechen und ausdrücken. Das ist nur natürlich. Denn die Beobachtung vom Wachsen, Vergehen und Werden führt zum Staunen und das Staunen zu Fragen des Glaubens oder anders ausgedrückt: zum Wort, das am Anfang ist und war.

Auf wenige Aufrufe hin habe ich unzählige Geschichten und Gedichte zugestellt erhalten. «Es ist unglaublich wie viele Bäuerinnen und Bauern dichten» schrieb ein Journalist. Recht hat er. Eine solche Fülle verlangte danach, sorgfältig gesichtet und geordnet zu werden; unmöglich konnten alle guten Beiträge im Buch Platz finden. Wie auswählen? Wie entscheiden? Zu weit das Feld für eine einzige Person.

So wurde diese Aufgabe zum Gemeinschaftswerk. Regula Wloemer, Pfarrerin in Oberthal / Kirchgemeinde Grosshöchstetten, und Heinz Stauffer, Schriftsteller und Pfarrer im Unruhestand, danke ich ganz herzlich für ihren grossen Freundschaftsdienst. Ohne ihren selbstlosen und enormen Einsatz wäre dieses Buch nie zustande gekommen. Zu grossem Dank bin ich auch dem Blaukreuz-Verlag Bern und seinem Leiter, Lars Lepperhoff, verpflichtet. Er hat das Projekt von allem Anfang an mit Interesse und Engagement begleitet.

Bücher herauszugeben und auf dem heutigen Markt damit zu bestehen, ist so hart wie jeden Tag zweimal zu melken und die Milch zu verkaufen. Ein kleiner Verlag wie der Blaukreuz-Verlag kämpft ähnlich wie ein Familienbetrieb tagtäglich um seine Existenz. Die Stimmen vieler Einzelkämpfer werden durch dieses Buch zu einem vielstimmigen, wohlklingenden Chor.

Wie die Landwirtschaft, so ist auch das Buch-Geschäft auf «Direktzahlungen» angewiesen. Damit der Preis des Buches nicht zu hoch, das Buch erschwinglich und der Verlag wegen uns keine roten Zahlen schreiben muss, haben wir um Beiträge angefragt, die helfen, die Gesamtkosten und das Risiko zu senken.

Der erste und wichtigste Beitrag stammt von den Autorinnen und Autoren und den Herausgebern. Sie erhalten als Honorar einzig einen speziellen Gabenkorb – das Buch mit den köstlichen Früchten schriftstellerischer Arbeit.

Auf einer separaten Liste sind alle Institutionen aufgeführt, die mit ihren Beiträgen die Herausgabe des Buches ermöglicht haben. Ihnen danke ich ganz herzlich.

Nun wünsche ich allen Leserinnen und Lesern einen anregenden Gang durch die Jahreszeiten und Lebenszeiten dieses Buches.

Müntschemier, Herbst 2009
Ueli Tobler

Einige Gedanken zum Anfang

«Ich bin keine typische Bäuerin!»

Das sagt eine junge Bäuerin und meint es ernst.
«Warum?» frage ich.
«Weil ich zu 50 % in meinem angestammten Beruf arbeite und zur Zeit Gemeindepräsidentin bin. Darum mache ich die Weihnachts- und Osterdekorationen nicht mehr selber. Ich bestelle sie bei einer Kollegin. Letzthin habe ich für das Familien-Mittagessen einen Catering-Service organisiert; ich hatte schlicht keine Zeit zum Kochen, mein Mann auch nicht. Er und meine drei Buben haben es genossen. Mich hat das entlastet.»

«Ich bin keine typische Bäuerin!» Das höre ich nicht zum ersten Mal. Ja, manchmal kommt es mir vor, als sage die typische Bäuerin von heute: «Ich bin keine typische Bäuerin!»
Die gleiche Beobachtung lässt sich auch bei andern Berufsgruppen wie Lehrern und Pfarrern, respektive Lehrerinnen und Pfarrerinnen, machen. Man könnte also eine typische Bäuerin ohne weiteres mit einer typischen Pfarrerin verwechseln.

Das ist geschehen, ich bin dabei gewesen. Am Erntedankgottesdienst der Expo-agricole trat eine Bäuerin so überzeugend auf, dass eine Gottesdienstteilnehmerin hinterher sagte: «Mir hat alles gut gefallen, nur die Pfarrerin nicht, die sich als Bäuerin ausgegeben hat!»

Als typischer-untypischer Pfarrer schliesse ich daraus:
Wir sind, wer wir sind – Gottes Kind!

Produktivität

Der junge Bauer gibt dem Apfelbaum den nötigen Schnitt. Der kleine Bub schaut dem Vater zu. Ich halte meinen Roller an. Wir plaudern. Das Natel des Bauern klingelt. «Das muss ich nehmen, es ist der Mechaniker.» Ich höre, wie sie einen Termin vereinbaren. Dann wendet der Bauer sich wieder mir zu:

«Er kommt morgen, wir revidieren zusammen den Samro (die Maschine für die Kartoffelernte). Es ist eine alte Maschine. Eine neue wird sich dann nicht mehr rentieren, der Samro ist zu wenig produktiv.» «Was meinst du damit?», frage ich. «Eine Maschine sollte so viel wie möglich gebraucht werden, dann rentiert sie. *Das* Problem für uns in der Landwirtschaft. Wir können unsere teuren Maschinen viel zu wenig brauchen. Einen Mähdrescher nur im Sommer und Herbst, eine Melkmaschine nur am Morgen und Abend, den Samro nur im Herbst. Die Industrie dagegen lässt ihre Maschinen das ganze Jahr laufen. Wenn möglich 24 Stunden am Tag und sieben Tage in der Woche. So rentieren die Maschinen. Von uns erwartet man dasselbe – ein Stumpfsinn, den sehr viele gescheite Leute weitererzählen.»

Unterdessen hat der Bub die abgeschnittenen Äste zusammengetragen. So klein und schon produktiv!

Ueli Tobler

Ländliche Kultur

Das Wort Kultur leitet sich ab vom lateinischen «cultura» und bedeutet ursprünglich «den Acker bestellen». In diesem Sinn reden wir heute noch von Kulturland oder von «agriculture». In der ländlichen Kultur wird also gepflügt, gehegt und geerntet. Sie wächst aus Arbeit und Freizeit und adelt diese. Das heisst: Kultur äussert sich in der Gestaltung des persönlichen und gemeinsamen Lebens. Dabei gilt die Regel: Je mehr Ideen, Kraft und Fantasie ich investiere, umso mehr erfüllt sich mein Dasein mit Sinn.

Ihren Ursprung hat die ländliche Kultur im Elternhaus, in der Dorfgemeinschaft und in der ländlichen Umwelt. Dort entdecken und erleben wir sie von Kindsbeinen an. Sie drückt sich aus in der Art, wie wir uns kleiden und ernähren; in der Weise, wie wir wohnen.

Auch der bewusst erlebte Gang durch das Jahr mit all seinen Festen gehört zur Kultur. Eine Bäuerin aus dem Emmental schreibt: «Wir riechen die Jahreszeiten. Im Winter das Holzfeuer und die warme Stallluft, im Frühling den Mist auf dem Feld und die frisch umgebrochene Furche, im Sommer das Heu und den Honig, im Herbst das Obst und das frisch gebackene Brot.»

Das Brot birgt offenbar ein Geheimnis der ländlichen Kultur. Denken wir nur an das gemeinsame Backen der Frauen in den Dörfern; ein Brauch, der immer noch gepflegt wird. «Unser täglich Brot» ist ein Sinnbild für Saat und Ernte; für Nahrung, Gemeinschaft, Lebensfreude und Hoffnung.

Jeder Mensch braucht einen Ort, wo er zuhause ist, wo er sich angenommen fühlt, wo er mit andern reden, singen und beten kann. Nur in einer Gemeinschaft mit andern Menschen können wir gesund bleiben und uns am Leben freuen.

Der bäuerliche Auftrag

Der frühere Bundesrat Friedrich Traugott Wahlen sagt in einem seiner Vorträge: «Bauerntum ist mehr als Agrarproduktion; es ist eine Lebensform». Heute drücken wir den gleichen Gedanken aus, indem wir sagen, die Landwirtschaft habe eine multifunktionale Aufgabe. Aber was macht diese Lebensform aus? Was gibt dem Leben auf dem Land seinen Sinn? Zwei wichtige Aufträge gehören zu einem zeitgemässen Leitbild.

1. Die Bewahrung der Schöpfung

Der biblische Auftrag an den Menschen lautet: «Den Garten bebauen und bewahren» (1. Mose 2,15). Also gerade nicht «untertan machen» und «herrschen über alles», wie es im ersten Schöpfungsbericht heisst und leider oft mit schlimmen Folgen umgesetzt wurde.

Der bäuerliche Auftrag lautet also: Sorge tragen zu allem, was lebt. Sorge tragen zu Boden, Pflanzen und Tieren; sorgfältig umgehen mit Wasser und Luft – und auch mit den Mitmenschen. Die Bauernfamilie hat ein grosses Vorrecht: Sie kann die Schöpfung kreativ mitgestalten.

Christoph Blumhardt hat schon Ende des 19. Jahrhunderts geschrieben: «Es muss etwas Neues kommen, die Harmonie zwischen Mensch und Natur muss kommen». Und Kurt Marti, ein heutiger Theologe, sagt in einer Predigt: «Im freundlichen Umgang mit allem, was lebt, erfahren wir neu die Freundschaft Gottes».

2. Das neue Bewusstsein

Es geht in der Landwirtschaft nicht nur um die rationelle Produktion, sondern um die soziale Position. Es geht nicht um Landwirtschaft schlechthin, sondern um das Bauerntum als Lebensform, wie es Friedrich Traugott Wahlen beschreibt. Darin erscheint der bäuerliche Familienbetrieb als ausgewogene, fest ineinandergefügte Einheit von Familie, Haushalt und Betrieb. Dazu zwei Thesen:

– Die Bauern sind nicht die Letzten von gestern, sondern die Ersten von morgen. In ihren Betrieben finden sie das rechte Mass zwischen Ökonomie und Ökologie, zwischen dem Bewahren von Werten und dem Wandel.

– Bäuerin und Bauer sind nicht Opfer, sondern Mitgestalter der Zukunft. Sie sind nicht eine subventionierte Minderheit, sondern eine erneuerungswillige, für die Gesellschaft wichtige Kraft. Bei der Planung ihrer Zukunft verbinden sie Fachwissen mit Fantasie und Umsicht.

Jakob Nussbaumer-Gerber*, Gwatt BE

*Jakob Nussbaumer (geboren 1926) ist auf einem Bauernhof im Baselbiet aufgewachsen. Er hat in Zürich Landwirtschaft studiert und nach einem Jahr in den USA eine Doktorarbeit über die Lebensverhältnisse der Bauernfamilien geschrieben. 1962 bekam er von der bernischen Landeskirche den Auftrag, vom Gwattzentrum aus ein Bildungs- und Freizeitprogramm für die bäuerliche Bevölkerung aufzubauen. Von 1973 an bis 1990 hat er die Reformierte Heimstätte Gwatt geleitet. Auch nach seiner Pensionierung lebt Jakob Nussbaumer mit seiner Frau in Gwatt bei Thun.

Bild: Katharina Häberli

Bäuerinnen und Bauern erzählen

Ein Gang durch die Jahreszeiten vom Frühling bis in den Winter

Frühling

Peter Egli, Nesslau SG

Des Bauern Glück

Das ist heut ein klarer Fall
des Bauern Glück, das liegt im Stall.
Er liebt mit Recht die braunen Muh,
besonders aber seine Leistungskuh.
Brav steht sie hinterm Absperrgitter
und gibt im Jahr fünftausend Liter.
Und über vier Prozent im Fett,
das dünkt ihn ganz besonders nett.
Im Typ und Euter neun und acht,
ist das nicht eine hehre Pracht?
Und dann soll sie allenthalben
alle Jahre einmal kalben.
Fruchtbarkeit und langes Leben
des Bauern Einkommen heben.
Geht etwas schief bei ihm im Gaden,
muss der Tierarzt auf den Laden!
Mit Rat und Tat, viel faulen Witzen,
wenn nötig auch mit teuren Spritzen,
hilft er der schönen Leistungskuh,
dann hat der Bauer wieder Ruh.
Zärtlichkeit, ja Liebe schier,
all das gehört nur diesem Tier.
Seine Frau, das häuslich Glück
vergisst er ganz ob diesem Stück.
Er ahnt nicht, was sie leidet,
wenn er das Wort zu ihr meidet.
Er hat nie Zeit und keine Ruh,
er ist erfüllt von seiner Kuh.

Von Seele hat er keinen Dunst,
geschweige denn von Liebeskunst.
Er ist vom Gelde ganz benommen,
denkt nur noch an das Vorwärtskommen.
So lebt der Bauer überall,
er sucht sein einzig Glück im Stall.
He, Bauer, werde endlich schlau
und such das Glück bei Kind und Frau!
(dasselbe gilt för anderi au)

Peter Egli auf der Herrenalp beim Herstellen von Butter.
(Bild: Esther Eigenmann-Egli)

Wie Peter Egli für seine Geliebte zu dichten begann

Ich stelle mir einen noch rüstigen älteren Mann beim Schneeschaufeln vor. Arbeiten, die anderen Menschen zuwider sind, erledigt der 1931 geborene mit Freude. Heute ist Peter Egli wesentlich älter als damals, als er das vorangehende Gedicht verfasste. Er schreibt natürlich noch heute. Eglis dichterische Begabung erwachte, als er Texte für Familienfeste wie Geburtstage schuf.

Peter Egli auf der Herrenalp beim Melken. (Bild: Esther Eigenmann-Egli)

Peter Egli senior und Peter Egli junior am Sonntagvormittag nach der Arbeit. (Bild: Esther Eigenmann-Egli)

Der Autor war noch jung, als er heiraten wollte. Vor seiner Heirat hat er das vorliegende Gedicht verfasst. Er war mit seiner jetzigen Frau befreundet oder bereits verlobt gewesen. Sie wuchs in einer Bäckersfamilie auf, war eine zierliche Arbeitslehrerin und hatte Angst, sie sei der Arbeit als Bäuerin nicht gewachsen. Mit dem Gedicht wollte er ihr die Angst nehmen.

Peter Egli hat sich stets für die Politik interessiert, war Mitglied der EVP und war bei der Kleinbauernvereinigung engagiert. Er hat auch verschiedentlich Leserbriefe verfasst. «Das Schreiben mag dem Denken nicht ganz folgen...». Seine Frau ist ihm auch hier eine wichtige Stütze.

Peter Egli bewirtschaftete ein Heimwesen auf der Laad; er ist auch dort geboren worden und aufgewachsen. Später übernahm er das «Heimet» von seinem Vater, zusammen mit einem Alpbetrieb mit 15 Kuheinheiten, das heisst zehn Kühen und Jungvieh. Es galt, zehn Hektaren zu bewirtschaften – und das auf 1000 m Höhe. Der Sohn führt leider den Betrieb nicht weiter. Zwei Jahre nach der Übernahme hat er alles verkauft und ist nach Kanada ausgewandert, um eine Farm zu übernehmen. Er hat drei schulpflichtige Mädchen. Das Heimweh plagte ihn lange. Das Haus hier in der Schweiz wurde ausgezont und das Land ging an Nachbarn. Das war hart, besonders wegen der Alp. Mit der Alp war Peter Egli sein Leben lang stark verbunden. Vom Grossvater (dem Adoptivvater der Mutter) ist Peter Egli stark geprägt worden. Er ging immer an zwei Stöcken und war viel auf Hilfe angewiesen. Bei den Kindern hatte er keine Hemmungen, um Hilfe zu bitten. Peter Egli hatte eine ältere Schwester und eine Zwillingsschwester. Der Grossvater nahm sich immer Zeit für seine Enkelkinder. Er erzählte viel. Dabei erfuhr und lernte Peter so manche Dinge, vor allem auch über Politik.

Peter Egli hat fünf Kinder. Alle sind auf dem Hof gross geworden. Natürlich sorgt er sich immer ein bisschen, denn die Töchter sind weiter weg von ihrem Elternhaus. Vorher war man so schön eingebettet. «Was tut man, wenn man so ganz alleine ist?», fragt sich Peter Egli nachdenklich. Aber aufs Ganze gesehen ist er dankbar für sein erfülltes Leben, und seine Tage sind immer noch ausgefüllt. Seine Leidenschaft ist das Schnitzen. Kühe, Sennen und Naturkrippen fertigt er aus Wurzeln. Er konnte die Arbeiten am Adventsmärit verkaufen und das Geld für Wohltätigkeit spenden – für Amnesty International, wo sein Schwiegersohn tätig ist.

Vor zehn Jahren erlitt Peter Egli einen Herzinfarkt, sonst geht es ihm gut. Er lebt nach dem Motto: jeden Tag so nehmen, wie er kommt, keine grossen Pläne mehr schmieden.

Heinz Stauffer

Willy Keiser, Gerlafingen SO

Pflugspuren

Das Bestellen der Felder im Frühjahr war für die Zugtiere (Kühe) eine strenge Zeit. Untrainiert hatten sie unversehens harte Arbeit zu leisten und dazu am Abend noch Milch zu geben. Daher hielten wir zur Entlastung der Kühe während des kriegsbedingten Mehranbaus einen kräftigen Zugochsen. Er ersetzte gewissermassen ein Pferd, war aber einfacher und günstiger in der Haltung. Da er auch viel auf der Strasse unterwegs war, wurden seine Vorderhufe ebenfalls beschlagen mit speziellen Eisen und nur die äussere Klaue.

Zuerst musste also der während der Winterzeit hochgewachsene Miststock ausgeführt und damit der Acker gedüngt werden. Fürs Kuhgespann ein schwerer Brocken, vor allem wenns in die «Chalberweid» ging. Das war vor der Güterzusammenlegung eine alte Flurbezeichnung nördlich der heutigen Siedlung Tannrüti Richtung Wald. Dort am Waldrand besassen wir eine Jucharte (36 Aren) Ackerland. Der 1,5 Kilometer weite Weg und die Höhendifferenz von mehr als 20 Metern übers Hübeli machte den Kühen beim Mistführen schwer zu schaffen. Das steile Stück in der damals noch ungeteerten Brunnstubenstrasse hatte es in sich. Mühsam kämpften sich die willigen Kühe am Mistwagen bergan. Die eisenbereiften Wagenräder hinterliessen sichtbare Fahrspuren und dies erst recht im weichen Ackerboden. Aber nicht nur für die Tiere war die Arbeit streng, musste doch der Mist von Hand mit der Gabel aufgeladen und auf dem Feld mit dem Karst abgezogen werden. Doch damit wars noch nicht getan, denn jetzt war das Zetten angesagt. Diese anstrengende Handarbeit vermochte uns Kinder gar nicht zu begeistern. Todmüde kehrte man abends nach Hause zurück.

Nach all diesen Vorarbeiten war nun die «Chalberweid» bereit zum «z'Ackerfahre», zum Pflügen also. Da reichte nun die Zugkraft von zwei Kühen nicht mehr aus, es mussten deren vier vor den Pflug gespannt werden. Ein aufregendes und anstrengendes Unterfangen, denn die Vorstellungen der vier Kühe deckten sich nicht immer mit den unsrigen. Während der Vater den Pflug im Auge behielt, führte ich die beiden vorderen und die Mutter die beiden hinteren Kühe. Ab und zu kam eine Maus zum Vorschein, oder es wurde gar ein ganzes Nest voll roter Winzlinge zerstört. Auch Engerlinge wälzten sich an der Sonne. Sie wurden in einem Gefäss auf dem Pflug gesammelt und vernichtet.

Behutsam drang die Pflugschar ins Erdreich ein. Der Mist wurde durch die Vorschäler in die offene Furche gekippt und die Riestern wendeten die neue Scholle darauf. So formte sich allmählich Furche an Furche, das neue Ackerfeld. Der frische, ganz spezifische Erdgeruch erfüllte die Umgebung. Doch ganz so idyllisch gings nicht immer zu und her. Schwierig wurde es beim Wenden am Ende der Furche. Gar oft trat da eine Kuh oder ein ungewohntes Rind über den Strick, die Zugwaage oder die Zugkette in der Mitte. Und schon bahnte sich ein kleines Unheil an. Wenn dann der Vater gleichzeitig beim jeweiligen Wenden des schweren Pfluges auch noch Probleme hatte, war das Chaos perfekt. «Chöit dir nit chly ufpasse und luege, tüet doch ängger chehre, i bringe süsch dä Cheib nit ume!». So tönte es vorwurfsvoll an die Adresse der Fuhrleute. Schliesslich war die grosse Arbeit vollbracht und die Kühe hatten ihre Ruhe redlich verdient.

Doch schon anderntags gings ans beschwerliche Eggen. Tief sanken die Kühe im lockeren Ackerboden ein. Meist waren zwei oder drei Durchgänge mit der Egge nötig, bis das Feld fein genug war. Mit dem Steinkratten sammelten wir die gröbsten Steine ein und deponierten sie am Waldrand. Allfällige grosse Erdknollen wurden mit dem «Muttetütschi» einzeln von Hand zerkleinert, denn eine Drohle zu diesem

Zweck besassen wir nicht. Nun kam der heiklere Teil der Vorbereitung: Möglichst gerade Furchen ziehen mit dem «Härdöpfelpflüegli». Dazu kam nur die zuverlässigste Kuh in Frage. Sie musste dabei ganz exakt geführt werden und durfte ja keinen Schwenker machen. Auf dem Wagen am Waldrand standen die Saatkartoffeln bereit. Damals kannte man nur wenige Sorten. Die zwei bekanntesten waren «Voran» und «Ackersegen». Die grossen Knollen hatten wir zu Hause entzweigeschnitten und nur die Hälfte mit den schönen «Augen» zum Saatgut gelegt. Den Rest der jeweiligen Kartoffel verwendeten wir als Schweinefutter. Sparen war eben überall angesagt. Mit dem Kratten in der Hand wurde nun jede Kartoffel im genauen Fussabstand der Erde anvertraut. Und schon kam wieder die Kuh mit dem Kartoffelpflüegli zum Einsatz. Jetzt galt es, die aufgehäuften Furchen zu spalten und so die Kartoffeln zuzudecken. Auch hier war wieder Genauigkeit angesagt. Während sich der Vater bemühte, das Kartoffelpflüegli so genau wie möglich zu führen, musste die Mutter am Anfang und am Ende des Feldes die Furchenenden mit der Hacke ausbessern und in Ordnung bringen.

Aber auch das Herrichten des Saatbeetes fürs Getreide verlangte besondere Sorgfalt, denn das Erdreich sollte zur Aufnahme des Saatgutes möglichst feinkrümelig sein. Das wiederum erforderte ein mehrfaches Passieren mit der Egge. Oft musste sie mit einer schweren Eisenschiene oder einem Kratten voll Steinen zusätzlich beschwert werden, damit eine bessere Tiefenwirkung erzielt wurde. Das tiefe Einsinken der Kühe in den frisch gepflügten Boden ermüdete sie ausserordentlich. Meist liess man dann das vorbereitete Saatbeet einige Tage absetzen, bevor gesät wurde. So kamen die Kühe erst wieder nach dem Säen zum Einsatz beim Eineggen. Zuvor aber kam der Sämann zu seiner anspruchsvollen Aufgabe, denn diese Arbeit erforderte viel Geschick und Genauigkeit. Zu meiner Kindheit säte mein Vater das Getreide ausschliesslich von Hand, aus dem Säsack heraus. Der Umgang mit Säsack und Saatgut hatte etwas Rituelles an sich. Bereits das korrekte Verknüpfen, Einfüllen und Schultern des schlanken, länglichen Säsackes musste verstanden sein. Dieses altehrwürdige Erbstück aus Mutters Verwandtschaft trug die Jahrzahl 1839 und war aus feinem, eng gewobenen Sackstoff, wie er auch für die Mehlsäcke verwendet wurde. In reich verzierten, schwarzen Lettern prangte stolz der Familienname. Da versteht sich von selbst, dass der Umgang etwas Feierliches an sich hatte und daher grösste Sorgfalt, ja Ehrfurcht erheischte.

Bevor nun aber zur Aussaat geschritten werden konnte, mussten die Saatbahnen ausgesteckt werden. Dazu verwendete man Stecken oder Zweige von Sträuchern, die sogenannten Ziele, denn auch das geübte Augenmass des Sämanns reichte nicht aus, um Saatfehler zu vermeiden. Es war dann meist meine Aufgabe, nach Vaters Anweisung diese Orientierungshilfen auf dem Saatfeld zu stecken. Jetzt erst konnte die Aussaat beginnen. Bedächtig machte nun der Vater Schritt um Schritt zwischen den wegweisenden Zielen. Gleichzeitig ergriff seine Rechte eine Handvoll Körner und in gleichmässigem Rhythmus holte der Arm zum Schwunge aus, wobei sich die Hand öffnete. Korn für Korn fiel so zur Erde und wurde ihr gleichsam anvertraut, wie es C.F. Meyers Säerspruch treffend beschreibt:

«Bemesst den Schritt! Bemesst den Schwung!
Die Erde bleibt noch lange jung!
Dort fällt ein Korn, das stirbt und ruht.
Die Ruh' ist süss. Es hat es gut.
Hier eins, das durch die Scholle bricht.
Es hat es gut. Süss ist das Licht.
Und keines fällt aus dieser Welt,
und jedes fällt, wie's Gott gefällt.»

«Unser Betrieb war zu klein»

Vom Kuhgespann bis in die Schulstube

Mit Jahrgang 1930 wurde ich mitten in der Krisenzeit in der vorwiegend bäuerlichen Dorfgemeinschaft von Subingen/SO geboren. In einer ausgesprochen kleinbäuerlichen Familie wuchs ich mit vier Geschwistern in sehr einfachen Verhältnissen auf. Auf unserem Bauernbetriebli mit zwölf Jucharten Land mussten auch schon die kleinen Hände zupacken. Überall gab es viel Handarbeit, in Feld und Stall, bei der Heu-, Getreide- und Kartoffelernte. Viele prägende Erlebnisse und Erfahrungen im einfachen bäuerlichen Umfeld bereicherten so meine Kindheit nachhaltig. Langezeit war das mühsame Kuhgespann unsere einzige Zugkraft. Der Mehranbau, der sogenannte «Plan Wahlen», brachte während des 2. Weltkrieges noch zusätzliche Anstrengungen und Erschwernisse. Nach meiner obligatorischen

Willy Keiser mit seinen geliebten Pferden. (Bild: Archiv W. Keiser)

*Willy Keiser ist es ein grosses Anliegen, dass nicht in Vergessenheit gerät,
wie früher Landwirtschaft betrieben wurde. Hier eine Aufnahme eines
alten Pfluges.(Bild: Archiv W. Keiser)*

Schulzeit sollte ich in einem Welschlandjahr lernen, fremdes Brot zu
essen. Bei einem Bauern im Val de Ruz wurde ich auch erstmals im
Umgang mit Pferden vertraut. Nach meiner Rückkehr überraschten
mich meine Eltern mit dem Kauf eines Pferdes. Damit gelang es ihnen, mir die Freude am Bauernberuf noch zu verstärken. Um das kar-
ge bäuerliche Einkommen etwas zu ergänzen, betätigte ich mich zwischendurch noch in einem Baugeschäft und im Bürgerwald. Einen
Winter lang verdiente ich mein Brot sogar in der Kammgarnspinnerei
im Nachbardorf. Doch das war nicht meine Welt. Die nach dem Krieg
rasant aufkommende Mechanisierung und Motorisierung in der Landwirtschaft mit den drohenden Existenzproblemen für Kleinbetriebe
erschwerten auch meine Berufswahl. Trotzdem entschloss ich mich
1948/49 zum Besuch des Winterkurses an der Solothurnischen Land-

wirtschaftlichen Schule Wallierhof. Hier wurden mein Fleiss und meine Leistungen mit sehr guten Schlussnoten bewertet, was mich zu weiterem Lernen anspornte. Jetzt musste ich mich beruflich entscheiden. Der unaufhaltsame Strukturwandel in der Landwirtschaft machte mir schweren Herzens klar: Unser Betrieb ist zu klein, zu eng und zu unwirtschaftlich! Da mir für das nun angestrebte Studium zum Ingenieur Agronom jedoch die Vorbildung fehlte, versuchte ich es mit Erfolg als Hospitant am Lehrerseminar Solothurn. Und so schaffte ich in dreieinhalb Jahren den Sprung vom «Härdöpfelstudent» zum Primar- und später zum Oberstufenlehrer. Doch den Bezug zur Landwirtschaft habe ich glücklicherweise nicht verloren, durfte ich doch fast 40 Jahre lang nebenamtlich an der Landwirtschaftlichen Berufsschule mithel-

Willy Keiser in jungen Jahren, als seine Eltern ein Pferd kaufen konnten, nachdem sie früher immer die Kühe eingespannt hatten.
(Bild: Archiv W. Keiser)

fen, junge Bauern auf ihren schönen Beruf vorzubereiten. Und schliesslich war es mir vergönnt, nach der Pensionierung noch viele Jahre auf der Kutsche mit zwei eigenen Rösslein unterwegs zu sein.

Mit dem Schreiben möchte ich der Nachwelt einen Einblick in die einfache, bescheidene und beschauliche Lebensweise unserer Vorfahren im bäuerlichen Jahreslauf vermitteln. All die gelebten dörflichen Traditionen und das reiche Brauchtum in der Zeit vor den elektronischen Medien sind hohe Werte, die nicht in Vergessenheit geraten dürfen!

Willy Keiser

Im Eigenverlag sind erschienen:

2005:
ERLEBTES UND ERLAUSCHTES
Autobiografisches aus meiner kleinbäuerlichen Jugendzeit

2006:
ERFAHRENES, Gedanken- und Zeitsprünge vom Kutschbock aus

Claudia Künzi-Schnyder, Maschwanden ZH

Hartholz fürs Ehefeuer

Das Zusammen-Arbeiten auf einem Betrieb hat viel Schönes, birgt aber auch Reibungsflächen. Obwohl Bäuerin und Bauer tagtäglich zusammen sind, kann man sich auseinanderleben. Ein Hausspruch aus dem Bernbiet macht nachdenklich:

Chuutets dusse, heb Geduld.
Chuutets im Huus, bisch sälber tschuld!

Man kann etwas tun, damit es in den Beziehungen in der Familie gut läuft. Beziehungspflege ist auch eine Arbeit, manchmal sehr anstrengend, dafür aber lohnenswert. Denn wenn es in den Beziehungen rund läuft, hat man auch Kraft zum Durchhalten in schwierigen Zeiten, Lust, neue Ideen anzupacken oder Motivation zur Mitarbeit in Gremien.

Das Wetter, die Arbeit, die Kinder oder auch immer mehr der wirtschaftliche Druck in der Landwirtschaft halten die Bauernfamilien ganz schön auf Trab. Vielerorts geht die Bäuerin einem Nebenerwerb nach. Dies alles zehrt an den Kräften, und die Zeit für Beziehungspflege schmilzt wie Wachs an der Sonne. Sich Zeit füreinander nehmen ist schwierig und alles andere hat vorher Platz: die Kinder, der Garten, die Freundin, der Verein, das «Ämtli in der Gemeinde. Später haben wir dann schon Zeit, aber das «später» kommt vielleicht nie. Manchmal muss man sich die Zeit richtig stehlen und sich aus dem Arbeitsberg herauswühlen.

Ich erinnere mich noch gut an jenen Abend nach einer arbeitsintensiven Woche. Ein Nachtessen in einem ruhigen Landbeizli – darauf hatte ich mich schon lange gefreut. Ich machte mich hübsch und sobald die Kinder im Bett waren, brachen wir auf. Im Restaurant sassen wir einander gegenüber und stellten erstaunt fest, dass es gar nicht so einfach ist, ein anderes Thema als Betrieb oder Kinder zu finden. Was wir uns manchmal so sehnlichst wünschen, die Zweisamkeit, entpuppt sich plötzlich als Klippe, wo man Worte sucht und wieder neu lernen muss, miteinander zu reden.

Bei der Auswahl des Menüs erblickte ich auf der Speisekarte meine Lieblingsspeise, die allerdings teuer war. Deshalb fragte ich meinen Mann: «Du, was liegt heute Abend überhaupt drin?» Er antwortete mit einem Augenzwinkern: «Du kannst wählen, was du möchtest. Heute darf es etwas kosten. Weisst du, das ist unser Betriebsessen. Wir nehmen das über die Betriebsbuchhaltung!» Etwas erstaunt über diesen Vorschlag erwiderte ich: «Das trage ich aber nicht in die Buchhal-

Hartholz für das Ehefeuer. (Bild: C. Künzi-Schnyder)

tung ein.» Er meinte gelassen, dass er das schon übernehme. Damit war das Thema abgeschlossen.

Wir genossen den wunderschönen Abend zusammen, wie schon lange nicht mehr. Wie denkt der andere über dieses Thema? Wir tauschten unsere Meinungen aus, sprachen über unsere Wünsche, Ängste und Freuden. Dabei stellten wir fest, dass wir eine verstopfte Quelle wieder zum Fliessen gebracht hatten. Innerlich wurden neue Kräfte für den kommenden Tag spürbar, obwohl der Abend bereits fortgeschritten war. Zufrieden und dankbar über diese gemeinsamen Stunden kehrten wir heim. Am andern Morgen wollte ich natürlich wissen, ob mein Mann etwas in die Buchhaltung eingetragen hatte. Und richtig – da stand sauber aufgeschrieben das Datum, der Betrag und die Belegnummer. Als Text stand mit grossen Lettern: «Hartholz fürs Ehefeuer!»

Tatsächlich, dieser Abend war wirklich Hartholz für unser Ehefeuer gewesen! Ich wünsche allen Bauernpaaren, dass sie in den kommenden Wochen oder Tagen ein «harthölziges Schittli» aufs Ehefeuer nachlegen dürfen. Warum nicht gerade sofort? Jetzt gerade dem Ehepartner sagen: «Schön, dass es dich gibt! Danke, dass wir die schwierige Zeit mit den Kindern zusammen tragen können. Ganz einfach: Ich hab dich lieb!»

«Beziehungen können durch schwierige Zeiten tragen»

Claudia Künzi und ihr Mann bauen spezielle Getreidesorten an

Einzigartige Dekorationen, bestehend aus besonderen Getreidesorten, entstehen auf dem Hof von Künzis. Sie fertigen Figuren und Kränze. Von der Produktion des Getreides bis zum Endprodukt wird alles selber gemacht. Künzis haben eine eigene Webseite (www.getreidedeko. ch), wo sie ihre Produkte vorstellen und anbieten. Diese einzigartige Idee entstand kurz nach der Heirat der 1960 geborenen Claudia Künzi. Sie kam als junge Frau auf den Betrieb, wo ihr Mann aufgewachsen war. Sie führen einen Milchwirtschaftsbetrieb mit etwas Ackerbau, den sie seit zehn Jahren in einer Betriebsgemeinschaft mit einer Nachbarfamilie betreiben. So kann man sich ergänzen und an freien Wochenenden oder in den Ferien ist die Stallablösung geregelt. Die beiden

Claudia und Ruedi Künzi-Schnyder aus Maschwanden mit einer Auswahl ihrer Getreidedekorationen. (Bild: L. Künzi)

Kinder sind in anderen Berufen glücklich geworden.

Claudia Künzi findet: «Es ist ein Vorrecht, dass wir als Bäuerinnen und Bauern mit und in der Natur leben und arbeiten dürfen. Die Jahreszeiten mit Winter und Sommer, Wind und Wetter, Sonne und Regen, dies alles bewahrt uns davor, abzuheben vom Boden und erinnert mich immer wieder daran, dass wir Teil der Schöpfung sind. Die Landwirtschaft mit ihren Kreisläufen von säen, pflegen und ernten bietet Beständigkeit und sinnstiftende Arbeit. Ich freue mich, wenn junge Menschen in diesen wunderschönen Beruf einsteigen.»

Claudia Künzi-Schnyder. (Bild: L. Künzi)

Schon als Jugendliche hat Claudia Künzi gerne geschrieben. Sie trägt Themen, die sie bewegen, lange mit sich herum, nimmt sie zur Arbeit mit, kann beim Hin- und Herfahren mit dem Traktor darüber nachdenken. Ihr ehrlichster Kritiker ist ihr Mann. Die wahre Geschichte «Hartholz fürs Ehefeuer» hat sie lange Zeit einfach erzählt. Das hat die Leute so angesprochen, dass sie sie schriftlich festgehalten hat.

Claudia Künzi ist es wichtig, Beziehungen zu pflegen. Beziehungspflege auch mit der jüngeren und älteren Generation oder den Bauernkollegen. Solche Beziehungen können durch schwierige Zeiten tragen. Claudia Künzi meint: «Beziehungen pflegen ist besser als Einzelkämpfertum!»

Regula Wloemer

Katharina Häberlis Begabung zum Malen

Als Katharina Häberli als Kind aus dem Buch «Struwwelpeter» abzeichnete, wurde sie von ihrer Mutter verdächtigt, sie hätte die Bilder durchgepaust, so gut waren ihre Zeichnungen. Doch nein, sie konnte haargenau abzeichnen und entdeckte schon dazumal ihre Leidenschaft für das Illustrieren. Es dauerte lange, bis sie sich ans Zeichnen wagte und Kurse besuchte. Daran wäre früher nicht zu denken gewesen. Zu viele Arbeiten warteten auf die Bauerntochter Katharina Holzer, als sie mit 21 Jahren den Bauern Arnold Häberli

Katharina Häberli-Holzer mit «Bänzli», dem Hund, vor ihrem Stöckli. (Bild: L. Lepperhoff)

heiratete und auf dem Hof im Oberholz in Rubigen einzog. Auf dem Betrieb lebte noch ihre Schwiegermutter sowie eine unverheiratete Schwester ihres Mannes. Zudem waren Angestellte da. Früher wurden viele Arbeiten von Hand erledigt. Die 18 Hektaren mussten bewirtschaftet werden, 20 Kühe verlangten nach Pflege. Da blieben kaum Freiräume. Das Bereithalten des Essens für die grosse Schar von Familienangehörigen und Bediensteten dominierte den Tag. Zum Zmorge wurde Rösti zubereitet, zum Znüni Tee, Käse und Brot, gleichzeitig brodelte bereits das Mittagessen auf dem Feuer. Am Nachmittag war dann wieder Zeit für das Zvieri, das manchmal auf das Feld gebracht werden musste. «Ich denke, dass es für die alte Mutter und für deren Tochter nicht einfach war, als plötzlich eine junge Frau in ihre eigenen vier Wände einzog. Wir lebten ja in der gleichen Wohnung», erinnert sich die 1943 geborene Katharina Häberli und meint weiter: «Ich war noch so jung und konnte mich eher noch einfügen». Nach und nach wurden die Kinder geboren, drei Töchter und ein Sohn. Der Boden im Oberholz eignet sich hervorragend für die Milchwirtschaft, da er hauptsächlich aus Lehm besteht und nicht tiefgründig ist. Somit gedeiht das Gras gut. Insbesondere während trockenen Zeiten ist es länger grün als anderswo. Neben der Milchwirtschaft wurden Weizen, Gerste, Kartoffeln, Raps und Mais angebaut. Bereits der Urgrossvater ihres Mannes erwarb den Betrieb. So war es eine Freude, als der Sohn 1995 das Heimet übernahm. Er stellte den Betrieb um auf Mutterkuhhaltung und vertreibt heute Bioweidebeef. Mit seinen Simmentalerkühen erzielt er eine gute Fleischleistung.

Als Katharina Häberli zum Fenster des Stöcklis hinausblickt, stolzieren unter ihr Hühner im Hof, ein Hahn überwacht seine Hennen stolz,

Katharina Häberlis Bauernhof, das Oberholz in Rubigen.

Hühnerhof im Oberholz.

weiter hinten zieht sich, wie ein verzierter Damm, die verschneite Berg-kette des Berner Oberlandes durch das Land. «Jetzt habe ich Zeit, mich meiner Leidenschaft, dem Malen, zu widmen», sagt Katharina Häber-li strahlend. Sie und ihr Mann lassen dem Sohn Freiraum und wohnen im Stöckli nebenan. Die Hühner aber versorgen sie noch selber und auch «Bänzli», der lustige Mischlingshund mit seidigem schwarz-weis-sem Fell, gehört fest zu ihnen. Seit dem Jahr 2002 besucht Katharina Häberli Malkurse und hat ihre Techniken stetig verfeinert. Sie macht im Freien Skizzen und arbeitet die Bilder zu Hause aus. Dabei wendet sie die Techniken Aquarell und Acryl an. Landschaften und Bauern-häuser gehören zu ihren bevorzugten Sujets. Aber auch Bilder aus der Toscana, oder vom Genfersee befinden sich in ihrem Fundus. Und natürlich wunderbare Hühnerbilder. Ihre Begabung hat sich auf eine

Tochter, Christine, übertragen, die ebenfalls Bilder malt. So diskutieren Mutter und Tochter oft über ihre Werke. Eine weitere Leidenschaft ist das Spielen der Zither in der Gruppe «Schwandwald» und das Singen und Tanzen in der Trachtengruppe Münsingen. Grosse Freude hat sie auch an ihren Grosskindern Lukas und Michael, die ihre Grosseltern regelmässig besuchen.

Die Tigerkatze faucht, stellt die Haare auf und macht einen Buckel. «Bänzli» ist ihr auf den Fersen, ist nun aber verduzt, als sie sich verteidigt. Er wedelt mit dem Schwanz und will nur spielen, derweil die Hühner in ihrem Hof unbeeindruckt scharren. Katharina Häberli findet täglich in ihrer bäuerlichen Welt neue Inspirationen.

Lars Lepperhoff
Bilder: Katharina Häberli-Holzer, Rubigen BE

Begegnung auf dem Bauernhof.

Hanni Salvisberg, Rosshäusern BE

Jungi Füchsli

I weiss ame ne Ort e Wald, da hets Huuffe Fuchsehöhline, drum seit me ihm o grad der Fuchsewald. Im Früehlig blüeie dert vil blaui Läberblüemli, drum seit me dene o grad Fuchseblüemli. I dene Höhline tüe d Fuchsemüetere ihri Junge ufzieh. Amene schöne Summerabe geit d Mueter aube mit de junge Füchsli e chli a Waldrand use ga spile. Das geit luschtig zue u här, die spile u ganggle zäme grad wie jungi Hundeli. Aber we me se chli nöcher wett ga luege, de lat d Mueter e Pfiff ab u alli si blitzschnäll ume im Wald u i dr Höhli verschwunde. So lang si no chly sy, git ne d Mueter eifach Milch, sie ligt bi ne ab u wie der Blitz näh alli grad es Zipfeli u suge dranne, bis ke Milch me use chunnt. Aber we de die Füchsli grösser wärde, de müesse si de o öppis z frässe ha. Drum muess de d Mueter öppis ga sueche. Zersch bringt si ne aube zarti Müsli hei, aber später geit sie de am Abe uf Schlichwäge gäge de Burehöf zue ga luege, ob vielich no es Huen ume sig. De schliicht sie sech aube a u nimmt e Gump, packt ds Huen bim Hals u schleipfts dervo u bringts grad de Junge hei.

Potztuusig, git das aube e Sach, die rupfe u schriisse a däm Huen. Eis hets amene Scheichli verwütscht un es angersch ihm der halb Gring abbisse. Sie rure u göisse derzue, bis rübis u stübis als ufgfrässe isch. So geit das jede Tag; d Mueter het z tüe wie lätz, für alli die hungerige Müler z fuetere, bis si sälber gross sy für uf d Fuetersuechi z gah.

Ds Fürte

Werum hesch du ging es Fürte anne, wirden i öppe gfragt. E, das isch äbe mi, giben i de aube zur Antwort. Scho als Ching sy mir derzue aaghalte worde, ging es Fürte aazlege, dass mer üser Röckli chönni schone u ohni das i d Schuel, wäri fasch e Katastrophe gsy. Sogar es nöis Examefürte hei mer albe übercho. Gottlob isch das verby. Hingä-ge im Hushalt u im Garte möcht i nid ohni Fürte sy. E, wie gäbig isch das doch! We me öppe grad e Salat oder e paar Tomate wett i d Chuchi näh u grad kes Chörbli bi sech het, de nimmsch es eifach i ds Fürte. U we öppe grad öpper zuechelouft, de putzisch eifach d Häng e chli am Fürtezipfel ab, bevor de tuesch grüesse. So es bitzeli Härd, das isch doch nid Dräck. Was miech mir ohni Härd? Kei Milch, kes Gmües u kener Härdöpfel. Vo was wetti mer o läbe? O nes Steak u chnuschpe-rigi Pommes-Frites chönnte mer grad vergässe.

Wen i öppe grad i Pflanzblätz gah u kes Chörbli bi mer ha, de machen i haut mit em Fürte e Täsche u tue ds Gmües dert dri – u lige i dr Hoschtet es paar Öpfel am Bode, de nimen i die ono grad derzue.

U we nes Chindli chunnt cho plääre, wüll es chli müed isch oder e Blätz ab het, de putzisch ihm mit em Fürte e chli Träneli ab u strichsch ihm mit dr Hang chli über ds Chöpfli, de isch alls ume guet.

Sigs wis wöll, es Fürte ghört eifach zu mir, wen i am Schaffe bi, süsch chäm i mir nume halb aagleit vor.

«Chöit doch dänke!»

Das Vorlesen war für Hanni Salvisberg eine Strafe

Hanni Salvisberg lebte immer auf einem Bauernhof, die meiste Zeit ihres Lebens auf dem Bauernhof ihres Mannes, der ihn von seinem Vater übernommen hatte. Sie betrieben eine gemischte Landwirtschaft mit Kühen und Gewächs. Der Betrieb hatte 30 Jucharten Land. Heute wird er von einem Sohn bewirtschaftet. Hanni Salvisberg sagt, dass sie immer gerne geschrieben habe, schon in der Schule waren Aufsätze ihr Liebstes. Das Vorlesen ihrer guten Aufsätze vor der Klasse war ihr aber immer wie eine Strafe. Bekannt wurde sie durch ihr Buch «Bach-u Wöschtag», dessen Vorwort von Christian Schmid wir im Anschluss publizieren. Hanni Salvisberg hat den Text «Jungi Füchsli» für dieses Buch verfasst, weil sie die lustigen Tiere gerne beobachtete. Was denkt sie heute über die Vergangenheit, über die Zukunft? Hat sie Anliegen? «Chöit doch dänke!» kommt die spontane Antwort und sie fügt an: «Me läbt sco chly ir Vergangeheit, aber d Zuekunft, die näh mir, wie si chunnt.»

Regula Wloemer

Schreiben, wie es gewesen ist

Hanni Salvisberg hat ihre Erinnerungen nicht aufgezeichnet, weil sie Literatur schreiben wollte. Sie erzählt, weil sie eine geborene Erzählerin ist und ihren Enkelkindern, die auch in Finnland, Frankreich und Kanada zu Hause sind, an deren Erinnerungsteppich eine Ecke Schweizer Heimat webt, die nicht verblassen soll. Sie hat zu schreiben begonnen, weil sie nach dem Umzug ins Stöckli plötzlich die Hände frei hatte und damit am Anfang nur schwer zurechtkam. Papier und Bleistift wurden ihr da zu Verbündeten, mit denen sie anschreiben konnte gegen die grosse Leere, die sie zu erdrücken drohte. Mit denen sie das, was an Erlittenem und Erfahrenem in einen dunklen Winkel gekommen war, weil die Zeit gefehlt hatte, sich damit zu beschäftigen, nun Wort für Wort aufs Papier und damit ans Licht holen konnte. Schreiben brachte ihr jene Ruhe, die sie brauchte, um weiterleben zu können, Schreiben wurde Therapie für Seele und Geist. Schliesslich schreibt Hanni Salvisberg, und das scheint mir das wichtigste, weil sie zwar ihr Leben überzeugt und mit aller Kraft, die ihr zu Gebote steht, gelebt hat und lebt, aber dieses Leben nicht das einzige ist, das sie sich vorstellen kann. Wer sich, wie Hanni Salvisberg, schreibend über das eigene Leben beugt, muss nicht nur präzise sein – denn nur im Präzisen kann man sich richtig beheimaten –, er oder sie muss dieses Leben auch vom Rand oder gar von aussen her betrachten können.

Hanni Salvisberg (Bild: Archiv U. Salvisberg).

Aufgewachsen als ältestes von fünf Geschwistern auf einem Bauernhof in Nussbaumen bei Wünnewil, entdeckte die 1923 geborene Hanni Salvisberg schon als Kind, dass Geschichten Einblicke in fremde Welten ermöglichen. Denn neben Gotthelf und Gfeller, in deren Geschichten sie ihre eigene Welt wiederfand, wagte sie sich mit Helene Christaller und Helene Hübener vom Bücherbrett ihrer Grossmutter in die «vornehme Welt». Sie wäre gern Gärtnerin oder Handarbeitslehrerin geworden. Aber als sie nach dem Welschlandjahr nach Hause kam, musste sie zuerst einmal den Knecht machen, weil Vater, Melker und Karrer in den Aktivdienst einrücken mussten. Dann, mit 24 Jahren, heiratete die tüchtige Bauerntochter den Dragoner aus Rosshäusern, den sie vom Dorftheater her kannte, der beharrlich um sie geworben hatte und der für sie der Richtige war.

Hanni Salvisberg wurde Meistersfrau auf einem mittleren Bauernhof, in dem sie neben der Schwiegermutter im Haushalt ihren Platz finden musste. Dieses Platzfinden war und ist auch heute nicht immer leicht. Hanni Salvisberg gewann aus ihrer Erfahrung die wichtige Erkenntnis, dass man im Umgang miteinander nicht nur auf Stärken bauen darf, sondern auch Fehler und Schwächen gelten lassen muss. Sie selbst neigte zum Perfektionismus; bevor sie mit aufs Feld ging, mussten die Betten gemacht, musste das Geschirr gewaschen, das Znüni gepackt und das Mittagessen vorbereitet sein. Und viele Jahre waren auch noch Kinder zu versorgen.

Die Ansprüche, die Hanni Salvisberg als verlässliche und perfekte Meistersfrau an sich selbst stellte, forderten sie manchmal bis an die Grenze. Nie vergesse ich, wie sie mir bei unserer Begegnung bei Schweizer Radio DRS auf meine Frage, was sie denn getan habe, wenn einfach alles zu viel zu werden drohte, antwortete: Dann sei sie in ein nahes Wäldchen gegangen, allein, und sei dort manchmal eine Stunde lang gesessen, um mit sich wieder ins Reine zu kommen. Das sei ihre Therapie gewesen.

Hanni Salvisberg beim Schreiben (Bild: Archiv U. Salvisberg).

Geschichten aus diesem vollen, arbeitsreichen Leben sind im Buch «Bach- u Wöschtag» versammelt. Sie sind schlicht, gerade und schnörkellos erzählt in der mittelbernischen Umgangssprache. Nichts ist sprachpflegerisch oder literarisch aufgeputzt; der eher spröde Stil verrät bei aller Lust am Erzählen eine gewisse Hemmung vor zu vielen Worten. Damit stellt sich Hanni Salvisberg in die Reihe jener Chronisten und Chronistinnen des bäuerlichen Alltags, welche das Mundartschrifttum bereichern. Ihre ungeschönten Lebensbilder aus erster Hand sind Zeugen für ein älteres Brauchtum, für alltägliche Arbeiten und Verrichtungen in früherer Zeit und kritische Betrachtungen zu neuen Entwicklungen und Errungenschaften. Sie stehen nicht nur gegen das bequeme und manchmal allzu voreilige Vergessen in einer sich rasch wandelnden Gegenwart. Sie öffnen uns und kommenden Generationen auch die Augen dafür, dass das scheinbar Selbstverständliche immer erarbeitet werden muss und dass dabei Gewinn und Verlust in Rechnung zu stellen sind.

Hanni Salvisberg erfuhr bald, dass ihre Geschichten nicht nur im engsten Familienkreis geschätzt wurden. Nachdem sie im Alstersturnen vorgelesen hatte, wurde sie von Frauenvereinen und an Altersnachmittage eingeladen. Eine ihrer Freundinnen machte mich dann auf sie aufmerksam und gemeinsam realisierten wir 1994 die Radiosendung «Bach- und Wöschtag», in der sie vorlas und erzählte. Diese Sendung ist nicht nur mir in bester Erinnerung geblieben. Zahlreiche Hörerinnen und Hörer schrieben uns begeisterte Briefe und fragten nach Texten. Hanni Salvisberg wurde einer breiteren Öffentlichkeit bekannt. Mich hat die zierliche Bauersfrau aus Rosshäusern mit ihren neugierigen Augen und ihrem offenen Gesicht sehr beeindruckt.

Christian Schmid

(Vorwort, hier leicht gekürzt aus: Hanni Salvisberg, Bach- u Wöschtag. Gschichte vo früecher. 1. Auflage 1998, 14. Auflage 2004. Cosmos Verlag, Muri bei Bern. www.cosmosverlag.ch)

Frieda Streit-Etter, Müntschemier BE

Geborgen

Muntre Kücklein picken eifrig
laufen emsig hin und her;
sind zufrieden, fühlen sich so sicher,
ahnen nicht die Gefahr gross und schwer.
In den Lüften nahet leise
ein Habicht, der Kücklein grosser Feind.
Möchte sie ganz schnell verschlingen,
weil sie schwach und wehrlos sind.

Doch die Henne in der Mitte
wacht über ihre Kinderschar;
locket sie mit lauter Stimme,
weil sie sieht die gross Gefahr.
Sieh, die Kücklein eilen schnelle
unter der Henne Flügel breit,
fühlen sich da wohl und sicher
vor dem argen grossen Feind.

So dürfen auch wir Menschen eilen
zu unserem Herren Jesus Christ.
Dürfen uns geborgen wissen,
weil er immer um uns ist.
Brauchen nicht allein zu kämpfen,
müssen nicht dem Feind entgegen gehen,
dürfen uns ganz ruhig freuen.
Lob und Dank sei unserm Herrn.

Fest gewurzelt

Auf luftiger Höhe steht einsam ein Baum!
Oft geh ich vorüber, bemerk ihn kaum.
Doch bliebe ich stehen und schaute ihn an,
er mir Wichtiges erzählen kann.

Weisst du, wie mancher Sturm um mich gebraust?
Darum ist krumm mein Stamm, der Wipfel zerzaust.
Doch die Wurzeln tief in die Erde gehn;
darum ich hier immer bleibe stehn.

Auch mein Leben ist oft schwer und hart,
an Not und Anfechtung wird nicht gespart.
Doch gründe ich mich tief in Gottes Wort,
so bleibt Er stets mein Schutz und Hort.

Nichts von Jesus mich zu trennen vermag,
wenn ich mit ihm rechne jeden Tag.
Not und Schmerzen für mich am Kreuz er trug,
ich vertraue seiner Führung; das ist genug!

«Wir pflanzten viel Gemüse und gingen damit z Märit»

Frieda Streit – eine Bäuerin aus dem Berner Seeland

Als ich ein Schulkind war, kamen meine Eltern nach Müntschemier und haben Haus und Hof aufgebaut. Seitdem wohne und arbeite ich hier. Ich kam im Jahre 1921 auf die Welt. Seit kurzem wohne ich mit meinem Mann im Altersheim und bin sehr glücklich darüber. Wir hatten höchstens fünf Kühe. Dafür pflanzten wir viel Gemüse und gingen damit z Märit. Da der Betrieb klein war, musste mein Vater noch auswärts arbeiten. Im Herbst banden wir unzählige Zwiebeln zu Zöpfen, «Züübele trütschle» sagen wir dem. Mit unsern «Züübeletrütschen» gingen wir nach Bern an den Zibelemärit.

In jungen Jahren vor dem Bundeshaus am Zibelemärit beim Verkaufen der «Züübeletrütschen». (Bild: Archiv Streit)

Unsere Tochter ist auswärts verheiratet. Der Sohn übernahm mit seiner Frau unsern Betrieb. Zu meiner Familie gehören acht Grosskinder und sieben Urgrosskinder. Mein behinderter Bruder gehörte immer zu unserer Familie. Bis zu seinem Tod habe ich für ihn gesorgt. Meinem Mann bin ich sehr dankbar, dass er das immer unterstützt hat. Mein Vater übergab meinem Mann und mir den Betrieb sehr spät. Wir woll-

Noch im hohen Alter beherrscht Frieda Streit die Kunst des Flechtens von Zwiebelzöpfen. (Bild: Archiv Streit)

ten es nicht gleich machen und gaben den Bauernhof schon nach wenigen Jahren an die nächste Generation weiter. Loslassen und Weitergeben ist eine wichtige Aufgabe im Leben. Dabei hat mir der Glaube viel geholfen.

Ich ging gerne zur Schule, hatte gute Zeugnisse und immer Freude am Schreiben. Auch eine schöne Schrift ist mir wichtig. Mit etwa 40 begann ich damit, die Inhalte von Predigten, die ich am Sonntag gehört hatte, in Gedichtform zusammenzufassen. Wenn ich nachts nicht schlafen konnte, hat mir das viel geholfen.

Der Glaube ist für mich die Grundlage meines Lebens. Darum habe ich mich im Evangelischen Gemeinschaftswerk EGW vielfältig engagiert. Über Jahrzehnte gab ich Sonntagsschule, sang im Chor und machte den Abwartsdienst im Vereinshaus. Eine besondere Freude war es mir, wenn ich den Gottesdienstraum mit Blumen aus meinem Garten schmücken konnte.

Frieda Streit-Etter

Jakob Alt, Oetwil an der Limmat ZH

Wis eso gaht

Zersch gaht d Wise
wisewii
dänn d Wise
wisewii vo de Wise
und
wis eso gaht
gaht gli au
d Wise hinedra
wisewii vo disere
säbere hinena
de Bach ab!

De Bach
wos mit de Ziit
au nüme git
aber Stütz git's
und Chrääne
höch wie Chiletürm
vo det obenabe
wänt chlädere chöntsch
gsächsch bis zu de Wise
wisewii vo de Stadt!

Nur Muet

Wänner das na het müese erläbe, er hetts nöd überläbt, dass bi öis na emal de Gantrüefer uf de Hof chäm – nei, de Johann selig wür si im Grab umeträie, wänner das wüssti.

D Mueter Gertrude hät kän Hochschii devo, dass ihre Angetrauti uf sim Kumuluswülchli alles mitübercho hät. Vo umetrüle cha da e kei Red si, scho gar nöd im Grab. De Brueder Johann isch bequem i sim Wulchepfuhl gfleezet und hät a sim Myrrezwiigli gsuuget. Am allermeischte hät er scho sis Tubackpfiiffli und de Burrus Breitschnitt vermisst, aber gäge s Rauchverbot da obe händ scho ganz ander erfolglos proteschtiert. «All you need is love» häts quadrophonisch durs Himmelsgwölb gschallmeiet, und gäge die Botschaft isch käs Chrut gwachse gsy.

Woner gseh hät, wie sin Sohn di letscht Chue zum Stall usfüert und wie d Marion für lumpigi Vierehalbtusig zum dritte d Hand wächslet, hät er si scho echli gärgeret. Sin Ältischte hät das Tier au gar ungfellig präsentiert.

Statt si uf alli Vieri z stele und druf z luege, dass d Ruggelinie schön zur Gältig chunt, hät dä Lappi gedankeverlore i d Lüüt useplaaret und warschinli scho a sin nöie Tschopp als Magazinersachbearbeiter tänkt.

Öisen Brueder Johann hät hüt aber no öppis ganz anders gwurmet. Är hät na genau gseh wiener do, vor bald zwei Jahre, woner gmerkt hät, dass jetz d Ströi ändgültig mues hinderegmacht wärde, wiener do sini Familie e letschts mal hät la um sich versammle. Sin Ältischte hät er zue sich ane gwunke, em tüütet sich z pucke und dänn mit erstuunlich luuter und tütlicher Stimm gseit: «Nur Muet - nur Muet - nur Muet.» Das sind sini letschte, sini allerletschte Wort gsy. Gli hät wit und breit alles devo gredt. De Eggebuur heg uf em Totebett i däne strube Zite vo Gattabkomme und Priiszerfall sine püürleche Nachfahre Muet gmacht, zur Scholle z schtah.

Au de Herr Pfarrer hät uf däre Gschicht sini Abdankigspredig ufpoue.

Käs Aug isch troche plibe und gar mänge Puurema hät sich e paar Rädli vo däne Träne abgschnitte und zümftig is Witerbestah vom Puurestand inveschtiert.

Sini eigete Nachkomme händ gli drufabe s Milchkontingänt verquantet und uf tiergerächti Mueterchuehaltig umgschtellt, die Hornochse. De Johann isch grad wider fuchstüfelswild worde, woner dra tänkt hät. Si hetted vill gschider sälber grächnet und nahtänkt, statt sini letschte Wort e däwäg z vergöttere. Wänner nämli na gnueg Luft gha het, det uf em Totebett, so hett er das Sätzli na färtig gmacht und de Pfarrer het sich für d Aasprach sälber öppis müese us de Fingere suuge. «Nur Muet...» hett er wele säge, «nur Mueterchuehaltig eleige wird öi na ali zäme emal an Bättelstab bringe», hett er gseit, wänns na glanget het.

Innovativ und flexibel

Am Mäntig muesi Dünger ströie
am Zischtig goge Oeko höie
am Mittwuchmorge zimli früeh
enthorni mini Mueterchüe
am Dunstig muesi lut Computer
Hormon go sprütze zack is Uter
am Fritig lob ich mir d Natur
da bini nämli Biopur
am Wuchenändi pured d Chind
will d Frau und ich am Schaffe sind
sie hät en Jop ir Psychiatrie
ich sammle andre Güsel i
dank Zuestupf chömer wie di meiste
öis öises Purehöfli leiste

Öpfelschnitz

S'wär unbestritte immer na
das höchste der Gefühle
i sonen knackig saftige
Gravesteiner oder Bärnerrose
z'biisse –
aber wänn der Zahn der Zeit –
hä nu
en Sackhegel
hät schliessli jede –
und d Chind – s'müend gar nöd Änkel sy
händ kurlig gluegt
und uf d Frag hi gnickt
dass d nachhär fascht
mit Schnitzle nüme nacho bisch;

debi wüss hüt chuum me es Chind,
was en Öpfelbaum sei,
hät d Chindergärtneri verzelt –
ja nu
emänd sinds ja gar nöd d Öpfel
won Chind in Bann cha zieh,
villicht isch es grad säb Stückli Ziit,
wot em mit jedem Schnitz
i d Hand ie leisch –

drum gäbi gärn
mit jedem Harass Frücht
es Stückli «Ziit ha» mit –
ich hoffe en Hegel hegeds

Der Blues von der Landflucht

Über einen, der sich einmischt

Wenn auf dem Bundesplatz gegen Bauernsterben protestiert wird, dann bin ich mit meiner Gitarre dabei und singe den Blues von der Landflucht. Auch in Galmiz war ich mit meinem Blues dabei. Was es heisst, den Bauernhof aufzugeben, weiss ich aus eigener Erfahrung. Ich schreibe dagegen an, zum Beispiel wenn ich meine:

Sit d Chüe
zum Stall us sind
hät er
nöd emal
meh
Werchtigchleider

Vorher war ich zwölf Jahre lang selbständiger Bauer auf dem elterlichen Kleinbauernhof. Schon damals war Wachsen oder Weichen angesagt. In Stadtnähe war das Wachsen nicht möglich, deshalb schloss ich 1971 die Stalltüre. Wirklich aufgegeben hab ich nie. Auch wenn ich auf Sozialarbeit umgesattelt und jahrelang unter anderem als Supervisor gearbeitet habe.

Seit über zwanzig Jahren stehen wieder Kühe und Pferde in

Jakob Alt arbeitet noch oft mit seinen Pferden auf dem Feld.
(Bild: Elisabeth Alt)

meinem Stall. Die spitze Feder aber ist mir mittlerweile genau so wichtig wie die Heugabel. Als Randgruppe müssen Bäuerinnen und Bauern heute darlegen, was und warum sie es tun. Agrikultur ist in Zeiten der Finanzkrisen keine Selbstverständlichkeit. Oder wie ich es mit meinem in die Landschaft geschriebenen Gedicht sage:

Händ Sorg zum Bode
Händ Sorg zum Bode so händ er Brot
Brot cha mer teile
Teile isch de Bode vom Fride uf Ärde
Händ Sorg zur Ärde mer händ nume die

Ich bin verheiratet mit einer Kindergärtnerin. Wir haben drei inzwischen erwachsene Kinder. Der Älteste ist in der Wirtschaft tätig, der mittlere Sohn ist Bauer und Hufschmied und bewirtschaftet seit einem Jahr seinen eigenen Hof mit ungefähr dreissig Pferden. Die Tochter ist Lehrerin.

Jakob Alt führt das Heu zu Walmen. (Bild: Elisabeth Alt)

Über meine Beziehung zu Arbeitspferden schrieb ich 1999 das Büchlein «Mähne im Wind», Fr. 12.– erhältlich beim Autor. 2008 erschien im Huber Verlag, Frauenfeld, der Mundartband «Tröim us Gras», ISBN 978-3-7193-1490-3, Fr. 36.–, im Buchhandel erhältlich; CD mit Text und Musik in Vorbereitung. Die hier publizierten Gedichte stammen aus diesem Band.

Ich schreibe zu jeder Tages-, Nacht- und Jahreszeit. Meist so wie mir der Schnabel gewachsen ist, in Mundart eben:

S Jahr hät sini Jahresziite
s Läbe hät sin Rhythmus au
nur wele Monet jetz grad isch
weiss niemer ganz genau

Jakob Alt

Köbi Alt

Welche Gestalt	das Herz
der Köbi Alt	– ein Enthusiast
der Hut	der Kopf
– ein Künstler	– in den Lüften
die Hände	die Füsse
– ein Bauer	– am Boden
der Mund	*Ueli Tobler nach einem*
– ein Prediger	*Treffen mit Köbi Alt*

Esther Monaco-Lehmann, Gerra Gambarogno TI

Früehlig

Es tauet
Es tropfet uf em Tach
Villicht isch de Winter jetzt am Wiiche
Schnee häts ämel gnueg geh das Jahr
D Luft fangt nach Früelig a schmöcke
D Vögel singed scho es Ziitli im Wald une
Hunger händs aber au immer no
D Schneedecki isch immer no zue
Es wird no duure
Bis de Schnee weg isch
En Säge isch er doch
De Bode bruucht d'Füechtigkeit
Es isch immer no troche
Und eso hät ds Gras en guete Start
Sofern de Wind nöd drii fahrt
Es tropfet uf em Tach
Und es schmöckt so guet
Früelig
Ich freue mich uf dich

Alpläbe

De Abig isch verbii
D Nacht isch da
S' Ruusche vom Bach
singt mich in Schlaf
En andere Tag isch wider gange

S' Tageswerch erlediget
Und gliich gats morn wiiter
Früeh use
Chäse
Zigere
Ankne
Chäs putze
De Chäller füllt sich
Und Täg gönd wie im Flug
Da obe isch bereits de Herbst im Aamarsch
S'Gras wird alt
D'Chüeh gänd weniger Milch
Au wenn si de Buuch no volle krieged
D Herbschtänziane fanged a blüie
Und Täg werded au im Nu chürzer
Glii tänkt mer as Tal
Zämeruume
Holzrüschte für de nöchschti Summer
Und bald wird ein Staffel nach em andere zuegrigglet
Ziit vergaht schnäll
zu schnäll
I tänke nonig gern as Taal
und doch mues i
d Arbete plane, wo dehei müend gmacht werde
Es wird im gliiche Rhythmus wiitergah
Ämel bis de Schnee allem hektische Getue äs Ändi macht
und d'Rueh zruggchert
Wo mi bald wieder vom nöchschte Alpsummer träume laht

«Wir führen einen Alpbetrieb in den Tessiner Bergen»

Esther Monaco-Lehmanns Weg von der Deutschschweiz in die Tessiner Berge

Meine Eltern, Heinz und Giovanna Lehmann, waren landwirtschaftliche Angestellte auf verschiedenen Betrieben in der Ostschweiz. Ich wurde 1973 geboren und habe noch eine Schwester, Deborah. Den Kindergarten und die Schule besuchte ich im Zürcher Oberland. Darauf folgte das bäuerliche Haushaltlehrjahr in Seegräben. Nachher machte ich eine Lehre als Topf- und Schnittblumengärtnerin. Es zog mich dann in die Welt, so dass ich nach England reiste und dort während eines Jahres als Au-Pair bei der Heilsarmee arbeitete. Wieder zu

Der mittlere Staffel des Tessiner Alpbetriebes liegt Esther Monaco besonders am Herzen. (Bild: E. Monaco)

Esther Monaco-Lehmann mit ihren Ziegen.
(Bild: Archiv Schneider)

Hause folgte der erste Alpsommer im Glarnerland. Dann packte mich wieder das Reisefieber, und ich ging mit «Agroimpuls» nach Australien. Wieder zu Hause, folgte der zweite Alpsommer im Tessin. Den Winter dann verbrachte ich aber wieder in Australien. Den Sommer über war ich wieder im Tessin, diesmal als Sennin. Ich wollte nun unbedingt in der Landwirtschaft Fuss fassen und begann meine Zweitausbildung zur Landwirtin. Im Tessin lernte ich auch meinen Mann kennen. Im Herbst 2000 heirateten wir. Nach der Lehrabschlussprüfung erblickte unser erstes Kind, Tiziano, das Licht der Welt. Im Februar 2002 konnten wir unseren Betrieb kaufen, im Winter wurde Nicola geboren. 2004 pachteten wir die Alp. Im gleichen Jahr 2007 erwarb ich das Diplom als Meisterlandwirtin und gebar unser drittes Kind Simona. Wir betreiben einen Milchwirtschaftsbetrieb mit Kühen und Ziegen. Wir verarbeiten die Milch selber auf dem Alpbetrieb und vermarkten sie direkt.

Früher habe ich oft geschrieben, doch zur Zeit kommt meine «poetische Ader» ein wenig zu kurz. Oft fasse ich beim Schreiben meine Emotionen in Gedanken. Das hilft mir, Probleme und Erfahrungen besser verarbeiten zu können. Es handelt sich wohl um einen Findungsprozess. Ein hier vorliegendes Gedicht ist in einem stillen Moment auf der Alp am Morgen früh gegen das Ende der Saison entstanden. Das andere auch am frühen Morgen, als ich vor dem Haus auf der Bank sass und meine Gedanken sammelte, bevor ich im Stall begann. Ich finde es toll, dass Bäuerinnen und Bauern hier eine Stimme erhalten und als Menschen wahr genommen werden, die ihren Beruf lieben und deswegen viel (manchmal auch zu viel) Entbehrungen in Kauf nehmen. Ich denke, dass wir näher am Puls der Natur sind und ihr manchmal auch zuhören.

Esther Monaco-Lehmann

Sommer

Bild: Katharina Häberli

Ueli Johner-Etter, Kerzers FR

Uf e Schindong-Märit (à la foire de Chaindon)

Üsi Flore het im Merze 1954 einisch meh es schöns bruns Füli übercho. Wi das äbe bi de Ross so Bruch isch, i der Regel füle si alleini. Am Morge steit das junge Rössli eifach bi syr Mueter i der Boxe. Uf waggelige, länge Bei versperzet es nach aune Syte u sugt gierig zwüsche de Hingerbei vor Flore die nahrhafti Milch. Das isch für üs Ching jedesmal es Erläbnis gsy. Es jungs Füli, wo uf d Wält cho isch, isch äbe scho öppis spezieller als es Chalbli, wos im Louf vom Winter ja mehrmals gä het. Üses brune Hängschtfüli, Mäxu het es gheisse, het nadisnah mit der Flore i ds Weidli chönne u isch dört mit wilde Sprüng desume gumpet u het syni Rundene dräit, fasch wi wen es wett es Rennross wärde.

Speter, wos afe chlei gattliger worde isch, het es müesse lehre amene Häufterli loufe, scho nume wäge der Schou uf em Märitplatz bim Bahnhof. Für dört ache het mes ar Buuch-Gurte, wo der Flore isch agleit worde, abunge, dass es nid uf dummi Gedanke cha cho und öppe vor luter Herrjeh u vilne frömde Ross Riissuus nimmt.

So isch ufe Früehlig der Summer cho. Üse Mäxu isch zu mene grosse, starche Hängschtfüli zwäggwachse.

Aber äbe, es Hängschtli isch nid es Märefüli, de ersch nume mit 79 Punkt, wiu d Experte a der Schou eifach hei wölle gseh ha, dass es vore rächts chlei d Huefli ychedräi bim Springe.

Die zwe Faktore hei scho zum vornhery definitiv der Usschlag gä, dass der Vatter der Mäxu am Schindong-Märit (Chaindon) geit ga verchoufe. Öppe bim ne 80 pünktige Märefüli het er sech überleit fürs z bhalte, und de uf Couvet, der Juraweid, wo der Pfärdezuchtgnosseschaft ghört, i d Winterig u d Sümmerig z gä.

I bi i däm Jahr ir vierte Klass gsy u bim Lehrer Fasnacht i d Schuel gange. Im Louf vom Summer het mer der Vatter einisch gseit, wenn ig ir Schuel brav lehri u mi o deheime guet steui, chönnti ja einisch mitcho uf e Schindongmärit.

Natürlich han i mi derna ufgfüehrt. Därewäg wyt fahre...mit emene Äxtrazug...am Morge am drü z Cherzers furt. Hinger der Loki nume ei Pärsonewage für d Bure, und hingerdra d Vehwäge mit de Füli...das han i mir scho nid wölle la näh.

Wo d Ärn isch düre gsy, mi het denzumal d Garbe no vo Hang bunge, hets afa noche.

Uf der einte Syte het mi der Mäxu duuret, wo am erschte Septämber-mäntig uf em Märit söll verchouft wärde, aber angersyts han i das Datum fasch nid möge erwarte.

Wo der Lehrer Fasnacht sy Ywilligung gä het, dass ig a däm Mäntig chönn frei ha, bin i natürlich im Chlee gsy. D Mueter het mer verzellt, wi de das a däm Märit im Jura zue- und härgangi, wi dört de viu Lüt und fasch no meh Tier sygi, aber i wärd de o e Huuffe Stäng mit auer-lei Ware gseh.

D Schuelching dört heigi frei und verchoufi uf em Märit Chueche u rüefi die ganzi Zyt «gâteaux de fromage!» Das sygi wältsch und heissi Chäschueche.

Am Sunntigabe vor der Jurafahrt han i früeh i ds Huli müesse, aber trotz allem han i vor Ufregig Müei gha für yzschlaafe. U so isch die Nacht, wiu mi der Vatter am zwöi isch cho wecke, churz gsy.

Nach eme chlyne Zmorgeässe sy mer i Rossstall und hei der Mäxu am Häufterli use gfüehrt.

I weiss nid, ob d Flore oder der Mäxu me grühelet het, jedefalls hets mi dunkt, si gspüri beidi, dass das e Abschid für geng isch.

Gäge Bahnhof zue sy mer geng meh Buremanne mit ihrne Tierli be-gägnet. U bis zletscht sy sicher öppe dryssg halbjährigi Rössli bir vor-dere Rampi verlade worde.

Der Tätschmeischter vo dere Fuehr, i gloube es syg der Bänzer-Gott-fried gsy, het no müesse d Frachtbriefe ufgä und am Bahnhofschalter ds Kollektivbillet löse.

När ischs losgange Richtig Biel und Tavannes zue.

Pferdeweide. (Bild: Katharina Häberli)

Scho nume die Cherzeser Bure z beobachte, isch öppis Bsungerigs gsy. Di einte hei sofort afa jasse, angeri hei über ihri Rössli u über ihri Abstammig brichtet und gwärweiset, was äch öppe wärdi Chouf und Louf sy. Oder hei über die färndrige Füli u vo de Guschti braschtet, wo z Couvet ir Sümmerig syg. U de hets o derigi gha, wo sogar uf de herte Holzbänk vom Drittklasswage hei chönne schlaafe.

Wi im Nu isch d Zyt verfloge, langsam hets afa tage, u scho sy mer mit üsem Äxtrazug z Tavannes a d Rampi manöveriert worde. I weiss nid, ob d Bure oder d Ysebähnler i ihrne grosse blaue Bluse närvöser sy gsy. Jedefalls sy üser Seeländerfüli alli guet greiset, und unger lutem Wihere u Rühele na ihrne Müetere, wo äbe sy deheime blibe, sy Ross u Ma wi imene Umzug Richtig Schindong zöttelet. Bim einte oder angere Huus het me zwüschedüre hinger de Vorhängli öpper gseh usegüggele.

Wo mer öppe na re halb Stung Fuessmarsch bim Märitplatz z Schindong acho sy, sy alli Tierli a de Stange abunge worde. Als Troscht hei si chlei Höi übercho u vom Brunne isch me ne i blächige Chessle u Houzmäuchtere ga Wasser reiche.

Aber o d Buremanne sy abwächsligswys i d Wirtschaft ga Zmorge näh, derwyle hei di angere zu de Rössli gluegt.

Dr Vatter isch nachhär mit mer chlei über e Märit cho. Han i gstuunet, wi viu Tier, nid nume Füli, o grossi Ross, Chüe, Guschti u Chaubli sy ume gsy.

Dernäbe sy der Strass na vil Stäng gsy. A dene sy Hosetreger, Seili, Schuebängle, Strigle, Bürschte u vil angers, aus dürenang, abotte worde.

Nadisnah het me öppe afa gseh, wär öppis wett verchoufe u wär derhär chunnt für z choufe.

Es isch afe chlei es Abtaschte gsy, weder de Einte no de Angere isch es ärnschthaft drum gange, der Chnopf z mache. D Tier sy inspiziert und beguetachtet worde. Hie und da het me wölle der Abstammigsschyn luege, und d Bsitzer hei geng wider d Fäli und d Schwänzli bürschtet, dass di Tierli ömu ja e gueti Gattig gmacht hei. So sy di Erschte handuseinig worde. Das het me gseh, we si ygschlage hei. Dä Handschlag isch wi ne Ungerschrift. Das han i scho vom Cherzers-Märit gwüsst, we mer mit ere Souchischte voll Färli uf em Märitplatz bir Pinte sy gsy.

Gäge die Zächne isch e Oschtschwyzer üse Mäxu cho gschoue, het Inträsse zeigt, isch wider dervogloffe, chlei speter ume cho, het nach em Prys gfragt, wo söll gälte, der Schyn studiert und nachhär ume glichgültig ta.

Jetz han i aber d Wält fasch nümm verstange! Chunnt doch plötzlech dr Wolf Ruedi zu üsem Mäxu u fragt mi, ob das üses Brüünli syg; derby, isch er der Cousin vom Vatter u am Morge vis à vis vo üs im Zug ghocket u het üses Füli deheime scho mängisch gseh gha. Aber dr Wolf Ruedi het ta, wi wen er weder mii no der Vatter gchennti, het der Schyn verlangt u gstudiert u no gfragt: «Was sölls gäute?»

Won i der Vatter verwungeret agluegt ha, merken i a sym stränge Blick, dass es gschyder isch, nüüt z frage.

Par Minute speter isch der Oschtschwyzer ume zrüggcho. Er het nämlech gmeint, der Wolf Ruedi wölli üse Mäxu o chouffe. «Wa tuesch no ewegg?», fragt er der Vatter. Dä seit: «Minetwäge no ä Näpu (Napoleonli = 20-Franken-Goldstück), süsch muesch es la sy!» Der anger louft no einisch ume Mäxu ume, studiert, währweiset und seit «tue driissig ewegg!»

I däm Moment het sech der Vatter entschide, «ja» z säge. Er streckt ihm die offeni rächti Hang häre, und der Ma vo Diepoldsau schlat y, nimmt der Gäldseckel füre u git em Vatter e Föifliber Handgäut, u da dermit isch der Handel gültig u besiglet gsy. Zum Schluss het ihm der Vatter d Papier, der Abstammigs- und der Gsundheitsschyn übergä, und si hei abgmacht, dass mer Zmittag der Mäxu uf Reconvilier a Bahnhof müessi ga ylade für d Reis i ds Rhintal.

Bim Zmittagässe, für mi Bratwurscht u Süessmoscht, bin i de ufklärt worde, was ds schynbare Inträsse vom Wolf Ruedi a üsem Füli het sölle: So hälf me enang Tier z verchoufe z Schindong. Hie, wo Lüt vor ganze Schwyz härechömi, funktioneri das.

Uf die halbi zwöi hei mer mit em Rössli müesse z Reconvilier sy zum Verlade. Das isch öppe zwänzg Minute Fuessmarsch i die angeri Richtig gsy. Vo dört sy d Züg Richtig Oschtschwyz abgfahre.

O di Verladerei isch guet verloffe, u mir zwe sy mit em nächschte Zug gäge Tubelochschlucht, Biel, am Seeland und Cherzers zue.

Han i bim Znachtässe z verzelle gha! Geng u geng ume isch mer no öppis i Sinn cho.

Won i d Gschicht mit em Wolf Ruedi verzeut ha, het d Mueter nume glachet u gmeint: «Dr Vatter wird ihm de öppe einisch müesse es Haubeli zahle».

Dä Schindong-Märit isch so es Erläbnis gsy, dass is no hüt, nach meh weder füfzg Jahr, us em Gedächnis cha ufschrybe.

In der Kavallerie-Rekrutenschule in Aarau

Ueli Johner war immer mit Pferden verbunden

Ich wurde 1944 geboren und konnte nach der landwirtschaftlichen und der gemüsebaulichen Ausbildung, mit Meisterdiplom als Gemüsebauer, 1974 den elterlichen Hof übernehmen. Mit meiner Frau Martha bewirtschafteten wir unseren Betrieb bis 2004. Jetzt ist unser Sohn Christoph der Besitzer und Betriebsleiter.

Ueli Johner geht noch immer mit Früchten und Gemüse auf den Märit. (Bild: Archiv Johner)

Ich besuchte die Kavallerie-Rekrutenschule in Aarau. Nach der Halbzeit durften wir ein Pferd ersteigern, das ein eigenes Dienstbüchlein erhielt und zukünftig mit seinem neuen Besitzer in den Dienst musste. So kam Rekrut Johner zu «Venizelos», einem wundervollen Pferd.

In meiner Zeit wandelte sich unsere Betriebsform von einem gemischtwirtschaftlichen Hof zu einem Betrieb mit Schwerpunkt Gemüsebau und Direktvermarktung. (Wochenmärkte in Bern, Ostermundigen und Muri BE).

Wir haben drei Kinder, Christoph (1974), der wie gesagt den Hof übernommen hat, und selber auch diplomierter Gemüsegärtner und Lehrmeister ist. Dann die Zwillingstöchter (1977) Iris, Floristin mit Meisterdiplom, und Tanja, die Arztgehilfin ist und nebst der Arbeit in einer Arztpraxis im Teilzeitpensum beim Blutspendedienst arbeitet.

Ich selber bin nebst der Landwirtschaft vielseitig interessiert, schaue viel zurück, würde vielleicht gewisse Sachen nach heutigen Erkenntnissen auch anders «agattige», aber da man das berühmte Rad der Zeit ja bekanntlich nicht zurückdrehen kann, ist alles gut, wie es ist. Mit meinem Schreiben möchte ich hauptsächlich Vergangenes festhalten, bäuerlichen Alltag aus meiner Zeit, aber auch Gehörtes von meinem Vater und Grossvater. So beschäftige ich mich auch viel mit der Geschichte unserer Region und unseres Dorfes. Es dünkt mich, dass in unserer heutigen, schnelllebigen und hektischen Zeit so viel vergessen geht und unter die Räder kommt.

Der «Schindongmärit» war ein erstes Essai, eine Erinnerung, die ich zu Papier brachte. Aufgemuntert durch den «Kalendermann» des Freiburger Volkskalenders griff ich erneut, nein nicht mehr zur Feder, aber in die Tasten des Computers. Ich denke, dass auch noch weitere Geschichten folgen werden.

Nach meiner aktiven Zeit in der Gemeinde und sonstigen Organisationen, politisiere ich heute noch im Freiburger Grossen Rat. Ich trat schon früh der BGB, der heutigen SVP, bei. Wohl wissend, dass man nicht alles schnell verändern kann – das lässt unser demokratisches System nur langsam und bedingt zu – so ist es doch faszinierend, Ideen zu vertreten und einzugeben und so auch gewisse Spuren zu hinterlassen.

Ueli Johner

Alice Jordi, Zürich

Die Tagblattmethode

Vorausschicken möchte ich, dass ich meinen vielfältigen Beruf als Bäuerin sehr gern hatte. Ich arbeitete gern mit meinem Mann zusammen und ich glaube, zusammen waren wir meistens ein unschlagbares Ehepaar. Ab und zu gab es aber bei uns einen Disput, der immer von mir angezettelt wurde. Das war jeweils, wenn ich müde und aufgebraucht war von der vielen Arbeit und konstatierte, dass das mein Mann gar nicht merkte. Wären wir beide doch nicht so «Tüpflischiisser» gewesen. Wir hätten uns viel Mühe ersparen können. Aber wir waren nun einmal «Tüpflischiisser», hatten aber auch immer miteinander grosse Freude, wenn wir den Erfolg unserer Mühe sahen.

Nun also stellt euch eine lange, leere Wiese vor, die bis zum Horizont reicht. Darauf ist mein Mann unterwegs, mit Schwung und Elan, mit Arbeitsfreude und Unternehmungslust, und er wird nie müde. Ich teile mit ihm diese Wiese. Allerdings hat es auf meiner Seite ab und zu einen Baum. Ich bin ebenfalls mit viel Arbeitsfreude mit ihm auf dem Weg, weiss aber genau, dass meine Kraft nur bis zum nächsten Baum reicht. Sind wir dann wieder einmal bei einem Baum angelangt, kann mein Mann ohne Probleme weiterziehen, denn es steht ihm nichts im Weg. Ich aber bin am Ende und hechle wie ein Hund. Dann brauchte es nur noch einen Tropfen und das Fass kam zum Überlaufen. Das ging dann jedesmal ungefähr im gleichen Stil los.

Mitten in der Nacht sagt mein Mann plötzlich: «Hast du gehört, das Mädi hat gehustet.» Er erkannte seine Kühe sogar am Ton. «Nein, ich habe nichts gehört, ich habe geschlafen», sage ich. Er sagt: «Sie hat vorhin schon zweimal hintereinander gehustet. Ich muss am Morgen nachsehen, was los ist.»

Ich denke, wenn *ich* huste, sagt er: «Du bist sicher wieder im Durchzug gestanden». Fertig. Nun geht es bei mir los, denn ich werde grausam eifersüchtig auf die hustende Kuh Mädi. «Bei dir gibt es nichts Höheres als dein Vieh», wettere ich los. «Erstens das Vieh, zweitens das Vieh, drittens das Vieh. Wo bleibe eigentlich ich? Übrigens ist mir noch so eine verdammte Kuh auf den Fuss getreten». Ganz ruhig und besonnen belehrt mich mein Mann. «Es gibt Arbeitsstellen», so sagt er, «da treten sich die Menschen absichtlich auf die Füsse. Das ist viel schlimmer als der Tritt einer Kuh.» «Was gehen mich diese Leute an», heule ich. «Es kommt ganz sicher noch so weit, dass ich eigenhändig mit der Axt eine Kuh totschlage!» Ohne sich aufzuregen, sagt er: «Du würdest sicher schön erschrecken, wenn die Kuh umfiele». Merkt ihr, jedesmal nahm er mir mit seiner Antwort den Wind aus den Segeln und zu allem Elend hatte er noch recht. Ich hätte gewollt, dass er gestritten hätte. Vielleicht gesagt hätte, welcher Teufel denn in mich gefahren sei und ob ich verrückt wäre. Da hätte ich dann Gelegenheit gehabt, zurück zu streiten. Nein, diesen Gefallen hat er mir nie gemacht. Das war seine Methode. Er liess einfach nicht mit sich streiten. Allein streiten macht keinen Spass. Aber mein Dampf musste abgelassen werden. Mit der Zeit wurde ich dann etwas klüger. War ich wieder einmal am Ausrasten, wusste ich, dass ich sofort etwas unternehmen musste, das mit Haus und Hof gar nichts zu tun hatte.

Dann nahm ich jeweils das Tagblatt zur Hand und las, was da so alles angeboten wurde. Dann griff ich zu und führte es strikte aus, egal was es war. Zum Beispiel Stadtführung, im Kunsthaus Besuch von Koller's Gotthardpost, Gemeinderatssitzung, Besichtigung Friedhof Sihlfeld, Anfängerkurs Bauernmalerei, Orientierung über Bourbakiarmee, Besuch eines Gottesdienstes in einer mir völlig fremden Kirche, wo mich niemand kannte. Dort setzte ich mich dann einfach zwischen die Kirchgänger, um mich auszuruhen. Ich hörte wohl kaum die halbe Predigt und der Pfarrer predigte an eine taube Nuss, denn ich hatte total abgeschaltet. Am Ende des Gottesdienstes war ich dann wieder einigermassen im Gleichgewicht und zufrieden. Ich sagte nie, wo immer ich war, dass ich eine Bäuerin sei. Ich wusste aus Erfahrung, da rufen sie alle: «Oh, wir haben Tierli auch gern. Sicher haben Sie zu Hause ein Pferd, einen Hund und ein Büsi.» Hatte ich! Ich hatte noch viel mehr. In diesem Moment bis zum Überdruss. Die Begeisterung für solch eine idyllische Welt hätte ich in diesem Zustand schlecht ertragen. Ich sah mir aber doch überall die Menschen an und hörte, was sie sich erzählten. Da bekam ich manches von einer anderen, mir fremden Seite zu sehen und hörte von Sorgen, die ich nicht kannte. Nach zwei, drei Tagen hatte dann mein frohes Gemüt wieder die Oberhand gewonnen und ich war wieder mit Lust mit meinem Mann unterwegs. Dabei dachte ich, was habe ich doch für einen lieben Mann, der besorgt ist um seine Familie und sein Vieh, der uns alle behütet und auf den man sich getrost verlassen kann. Wäre er das nicht, müsste ich ja dafür sorgen. So war ich wieder glücklich und mit Leib und Seele Bäuerin, bis wir beim nächsten Baum anlangten. Es kam in den fast 58 Ehejahren schon noch ab und zu vor, dass ich das Tagblatt benötigte. Meine Methode hat sich aber bewährt.

«Recycling ist für mich nichts Neues. Neu ist nur das Wort»

Alice Jordi war als Bäuerin immer auf dem Hof anwesend

Wir waren die letzten aktiven Bauern in unserem Quartier. Wir betrieben Milchwirtschaft, hatten etwas Getreide und auch ein Stück Wald. Wir haben einen Sohn und eine Tochter, doch beide haben andere Berufe erlernt. Für unseren Sohn wäre es fast nicht mehr möglich gewesen, hier weiter zu bauern. Die Gebäude müssten den neuen Vorschriften angepasst werden, was gar nicht geht, da wir mitten im Dorf wohnen. Ich sage immer Dorf, aber Witikon wurde im Jahr 1934 von der Stadt Zürich eingemeindet und ist gar kein selbständiges Dorf mehr. Wir sind umgeben von Wohnsiedlungen. Hier um das alte Kirchlein Witikon wohnen noch einige «Eingeborene». Da zu unserem Betrieb nicht so viel Land gehört, bewirtschafteten mein Mann und ich viel Grünzonenland der Stadt Zürich. Schöne Zeit! Nun wohne ich allein im Bauernhaus, aber in Sichtweite der Kinder. So bin ich nun die letzte Bäuerin in diesem Haus, das noch viele Geschichten in sich birgt.

Ich wurde 1928 geboren und besuchte die landwirtschaftliche Schule im Jahr 1946. Ich wurde schon auf diesem Hof geboren. Mein Mann hat eingeheiratet. Damals hatte die Selbstversorgung erste Priorität. Es wurde nichts fortgeworfen. Krumme Nägel wurden gerade geschlagen, ein alter Mantel zertrennt, der Stoff gewendet und daraus ein neues Kindermänteli genäht. Recycling ist darum für mich nichts Neues. Neu ist nur das Wort. Man war hauptamtlich Bäuerin und auf dem Hof immer anwesend. Darum konnten in unserem Haus Grossvater, Grossmutter, Vater und Mutter und ebenso mein Mann daheim sterben. Es war immer eine Bäuerin da, welche diese Menschen umsorgte. Meine Freude war zeitlebens die gute Zusammenarbeit mit meinem Mann, mein Blumengarten und meine kleine Bibliothek.

Die Zeit hat sich sehr verändert und in den landwirtschaftlichen Schulen wird ganz anders gelehrt. Es ist nötig, dass man mit dem Computer zurecht kommt. Viele Frauen der jetzigen Bauern gehen einem anderen von ihnen erlernten Beruf nach und verdienen so einen nötigen finanziellen Zustupf. Diese Frauen müssen sich überlegen, ob da Selbstversorgung noch drin liegt. Sie müssen mit ihren Kräften haushalten, um Familie, Hof und auswärtiger Arbeit gerecht zu werden. Und sich selbst auch.

Alice Jordi. (Bild Archiv Jordi)

Ich meine, dass Schreiben die Gedanken ordnet und führe darum ein lockeres Tagebuch. Am 1. Februar 2007 ist mein Mann gestorben. Ich habe Mühe, das zu verkraften. Jetzt habe ich begonnen, gemeinsam Erlebtes aufzuschreiben. Lustiges und anderes. Das hilft und bringt Erleichterung.

Zwei Aussprüche von Jeremias Gotthelf haben mich immer begleitet und es mir nicht immer leicht gemacht:
1. Auf einen rechten Hof gehört eine rechte Bäuerin, fehlt diese, haben Bauer und Hof den Glanz verloren.
2. Auf eine rechte Bäuerin sollten sich Mensch und Tier im Leben und im Sterben verlassen können.

Alice Jordi

Margrit Affolter-Schweizer, Riedtwil BE

Sommerabende

Das sind sie wieder, die Tage mit der längsten Sonnenscheindauer, mit viel Licht und später Dämmerung (vorausgesetzt das Wetter spielt mit!). Es sind Geschenke der Jahreszeit, Kostbarkeiten der Natur, Kraftquellen für uns Menschen, die wir zu unserem Wohle nutzen wollen.

Freilich, die langen Abende verlocken auch zu allerlei Verrichtungen. Das ist auch gut so, denn die sengende Hitze und die starke Sonneneinstrahlung sind nicht immer ideale Arbeitsbedingungen. Warum nicht flexibel sein und zum Beispiel Arbeiten im Garten auf den Abend verschieben? Als eigentliche Kostbarkeiten haben es aber die Sommerabende verdient, bewusst wahrgenommen und genossen zu werden. Sie sind wichtige Schnittstellen zwischen aktiver Tätigkeit und Erholungsphase und ermöglichen uns einen entspannten, erholsamen Schlaf. Sommerabende geniesse ich mit Vorliebe in meiner bunten Hängematte (übrigens ein sehr sinnvolles Geburtstagsgeschenk!) unter unserer Pergola, die mein Mann aus zähem Akazienholz aus unserem Wald gezimmert hat. Heute ist sie umrankt von wildem Wein und

Margrit Affolter ist der Erhalt der Natur ein grosses Anliegen. Sonnenblumen sind typisch für den Sommer. (Bild: H. Affolter)

Sommerstimmung auf dem Oenzhof. (Bild: Archiv Affolter)

Geissblatt, von Akebia, Hopfen und Clematis. Der Blick in die verschiedenen Blätter, Zweige und Blüten in unterschiedlichen Farbtönen ist etwas vom Beruhigendsten für mich. Da kopple ich ab vom Alltag. Von der gegenüberliegenden Talseite bimmeln die Glocken der Weiderinder. Eine Hornisse verschwindet in einer Ritze der Dachuntersicht. Über den Rosen tanzt ein Mückenschwarm unermüdlich auf und ab. Eine Grille zirpt in unmittelbarer Nähe und aus dem Garten ertönen in verschiedenen Intervallen die zaghaften Lockrufe der Geburtshelferkröten. Eine Fledermaus schwirrt wie ein Schatten um die Hausecke. Zitronenmelisse, Minze, Majoran, Thymian, Salbei und vor allem die Lindenblüten verströmen ihre differenzierten Düfte: Aromatherapie in Reinkultur! Körper und Seele baumeln lassen, was will ich noch mehr? Das kann das beste Fernsehprogramm nicht wettmachen. Und unausweichlich führt mich dieses «zur Ruhe kommen» zur Dankbarkeit. Dankbarkeit für alles, was ich nur allzu oft als selbstverständlich hinnehme. Dankbarkeit aber auch für die unerwartete Erfüllung eines dreissigjährigen Wunsches, das Dorf Taizé im Burgund besuchen zu dürfen. Wenige Kilometer entfernt von Cluny, einem der einflussreichsten geistigen Zentren des Mittelalters, ist mit der Gründung der evangelischen Bruderschaft im Dorf Taizé 1948 ein neuer geistiger Brennpunkt von weltweiter Bedeutung herangewachsen. Vier Tage habe ich Anfang Mai zusammen mit etwa 2500 Menschen aus der ganzen Welt dort gelebt. Ein Leben in grosser Einfachheit, mit viel Gesang, ausgerichtet auf geistige Inspiration. Ein prägendes, unauslöschliches Erlebnis mit nachhaltiger Wirkung.

Langsam und behutsam breitet sich die Dämmerung aus, hüllt auch die mächtigen Pappelkronen am Oenzufer ein und verwischt die klare Horizontlinie. Durch das lockere Blätterdach entdecke ich das vorerst zaghafte Licht des Abendsterns. Die Melodie eines Taizé-Liedes klingt in mir an: Confitemini Domino…vertraut dem Herrn, denn er ist gut.

«Schöner kann es in meinem Leben nicht mehr werden!»

Margrit Affolters Weg auf einen Bauernbetrieb und ihren Einsatz für die Natur

Gerne erinnere ich mich an die Zeit, da ich diesen Ausspruch mehrmals zu meinem Mann sagte. Es war die Zeit, da unsere vier Kinder schul- und vorschulpflichtig waren, eine lebhafte Familie. Unser Zweigenerationenhaus war damals voll besetzt, denn da lebten auch noch meine Schwiegereltern, Landwirtschaftslehrlinge (während 22 Jahren) und Haushaltlehrtöchter (während 9 Jahren), eine bunte Lebens- und Arbeitsgemeinschaft. Unser Betrieb, den wir 1976 von den Schwiegereltern in Pacht nahmen und 1984 käuflich erwarben, umfasst heute 18 Hektaren Land und 27 Hektaren Wald. Wir betreiben Milchwirt-

Der Oenzhof, das Zuhause von Margrit Affolter. (Bild: G. Affolter)

schaft mit Ackerbau und Waldbau, im kleineren Rahmen Schweinemast. Unser jüngster Sohn, Landwirt mit Weiterbildung SHL Zolli-
kofen, arbeitet voll auswärts, beabsichtigt jedoch, zu gegebener Zeit
den Hof zu übernehmen.

Geboren bin ich 1949 in Belp BE, aufgewachsen mit zwei älteren
Schwestern und einem durch Geburtsschaden geistig behinderten jüngeren Bruder im oberaargauischen Bleienbach, wo meine Eltern eine
Schreinerei betrieben. Nach Schulaustritt folgte ein Haushaltlehrjahr
in Lausanne, eine kaufmännische Ausbildung, ein Schottlandaufent-
halt, vier Jahre berufliche Tätigkeit und ein Semester bäuerliche Haus-
wirtschaftsschule Schwand, Münsingen. 1974 kam ich durch Heirat in
die Landwirtschaft. Das Leben in einer Generationengemeinschaft
und das neue berufliche Umfeld waren für mich eine Herausforderung. Während sieben Jahren führte ich nebenamtlich die Gemeinde-
kasse unseres Dorfes und durfte nach und nach auch in verschiedenen
Ämtern tätig sein. 1979 absolvierte ich die Bäuerinnenprüfung. Es war
eine reiche, intensive und erfüllte Zeit, wie ich es am Anfang geschildert
habe. Dann folgten Jahre des Loslassens, einerseits der Kinder, aber
auch der Eltern und Schwiegereltern durch den Tod.

Eine neue Herausforderung fand ich während neun Jahren in einer
kleineren Teilzeitarbeit bei der Post im Zustelldienst. Das Zusammen-
treffen mit den verschiedensten Menschen fand ich sehr spannend.
Singen, Musik, Wandern, Velo fahren, Schreiben und Lesen gehören
zu meinen Vorlieben. Ich bin Mitglied einer Frauen-Flötengruppe.
Einmal pro Monat übernimmt unser Sohn die Arbeit am Wochenen-
de, so dass wir Gelegenheit haben, sporadisch Ausflüge zu machen, ab
und zu auch Ferien. Inzwischen haben wir drei Grosskinder, die uns
viel Freude bereiten. Durch die brasilianische Herkunft unserer Schwiegertochter ergeben sich neue Horizonte.

Ein Anliegen ist mir die Natur und deren Erhaltung. Vor vielen Jahren habe ich das Anpflanzen einer Hecke entlang der kanalisierten Oenz initiiert, in Zusammenarbeit mit dem Botaniklehrer unserer Kinder und den Jägern. Heute haben sich hier Biber angesiedelt und wir erfah-

Margrit Affolter. (Bild: Archiv Affolter)

ren, dass sich freie Natur und Landwirtschaft auch in die Quere kommen können. Unser Hof ist ein registrierter Standort der seltenen Geburtshelferkröten (Glögglifrösche). Der Erhalt dieser Art ist mir wichtig.

Mein Text «Sommerabende» erschien am 29. Juni 2001 in der Bauernzeitung. Während vier Jahren verfasste ich regelmässig Kolumnen «aus Bäuerinnensicht» zu frei gewählten Themen. «Sommerabende» entstand sozusagen in einem Guss. So ist das Schreiben für mich Genuss und Freude, aber auch Bestätigung, dass Körper, Seele und Geist im Einklang sind. Eine wertschätzende Rückmeldung eines NZZ-Redaktors hat mich damals sehr gefreut.

Für die kommenden Jahre wünsche ich mir von Herzen, dass unser Generationenwechsel gelingen möge, was allgemein nicht selbstverständlich ist und menschliches Gespür und Toleranz von beiden Seiten erfordert. Ich hoffe, dass es in Zukunft in der Landwirtschaft genügend junge Familien gibt, um die bäuerlichen Familienbetriebe zu erhalten, ganz speziell auch im Berggebiet. Möge auch der Spagat zwischen Ökonomie und Ökologie gelingen. Den jungen Menschen in der Landwirtschaft wünsche ich nebst fachlicher Kompetenz auch den nötigen Idealismus und die Freude in ihrem wertvollen und anspruchsvollen Beruf.

Margrit Affolter

Ernst Ehrat-Gysel, Lohn SH

De Oobedsitz

Uf em Brunnerand vor em Schtall usse hocket er. Äär isch scho wiit i de sächzge. De Tag isch gloffe. Zwüschet em Huus und em Schopf lueget er übers Fäld, wie di letschte Sunneschtraale doo und dört no öppis vergolded.

We men gnau aalueget, mo me sich frooge, gsiet er überhaupt öppis, oder loset und lueget er no i sich ie? Jo, au doo giits vil zum Luege und Lose. E sonigs, wo me de Tag duur bi der Aarbet nid eso guet ghöört und gsiet. I der Rue ghöört me mee weder da me tenkt, und mäischtens grad da, wa am vil mol nid eso lieb isch. Aber äbe Schtilli und Rue bruuchts derzue. Möged ächt doorum vil Lüüt d Schtilli und d Rue numme verträäge?

Für en Moment würt er vom Guscht und der Griite abglenkt, da sind zwoo Früeligschatze, wo schpiled mitenand. De Guscht luuret und d Griite tenzlet vor em dure. Mi gsiets ere aa, dass si de Guscht zäucklet und dermit wott säge, du verwütschisch mich nid. Zmool ligets denn gliich a am Huuffe und mi maant, si welid enand frässe, we me ghöört und gsiet wie si knurred und enand verschtrabled.
Im Nuu laufft aani doo noo und di ander dört noo, wies enand nüüt aagiengtid. Baald rennt aani di ander vo der Siite aa und wider rammlets, mi chunnt bim Zueluege nid druus, weli da obe und weli da drunder isch.
E par Minuute schpööter ligets im Schöpfli Rugge a Rugge wie wenns di ganz Wält nüüt aagieng.
De Grosvatter verziet s Muul zumene Schmunzle. Die Gedanke woner etz träijt, gsiet mem uuni gfrooget aa.
Die Chatze hends preziis gliich wies sini Buebe au ghaa hend. Durs

Huus ue und abe enand noogrennt und wenns naame ggange isch, im Chliine oder im Groosse d Türe vor der Nase zuegschlage. Bis sälb mol, wo de Grooss numme hät chöne bremse und sammt der Türe i d Chammer ieghäit isch.

Wo de Vatter und d Mueter noch der Bibelschtund haam cho sind, isch es im ganze Huus verdööchtig schtill, müüslischtill, nid emol e Liecht brennt no naame.
Gschlooffe hends nid, die wo vorhäär e soo durs Huus gchesslet sind. Aan um de ander isch in Gang usse choo und hät e Tunderwätter erwaartet. Es isch doo eerscht öppe e füüfjöörig Huus gsii. Da haasst für e Huus, es säi no neu.
Die kabutt Türe hends a der Chammerwand aaglaanet. Es isch immer no müüslischtill.
De Vatter taarf no uff de hinderschte Schtockzee lache. Derbii maant er: «Die wo si kabutt gmacht hend, flicked si au wider», und isch mit emene «guet Nacht mittenand» mit der Mueter zeme is Bett.

Di nööchschte par Tag hät wäge däre Türe niemer e Wort verloore. Si isch äimfach a der Wand gschtande, wie wenn si niemerem ghöörti.
Vierzee Tag schpööter, wo Vatter und Mueter wider i d Bibelschtund sind, isch, wos wider haam cho sind, die Türe wider gflickt und iighenkt gsii. Wa bruuchts mee?
Sälb mol, wos enand Zoggeli noogworffe hend und nochhäär d Badzimmertüre e Loch ghaa hät und jede gsaat hät: «Ich ha nid, de ander hät au», hends halt möse e chli e grooss Täfeli chauffe mit em Uffdruck «Bad», zum da Loch verchläbe.
S tumm isch no, da da Loch no en halbe Meeter über Bode isch und fascht di mäischte Psuecher frooged, worum da da Täfeli e so wiit unne säi.

Mi mo natüürlich au säge, da die Türe no ganz billig aagfertiget woorde sind. Usse ume en Raame vo Schbööplatte, dur d Mitti ab zwoo, dräi

Katzen. (Bild: Katharina Häberli)

Latte und s Ganz mit emene Papiir verkleidet, wo e hölzig Muschter druufgmoolet isch.

Oo wie hät doch amel de Hannes als chliine Böörzel, hinne im Auto mit ere Uusduur chöne «Näi» säge, we men wäge öppis abgschtellt hät. De Vatter giit em zrugg «Hä woll». De Hannes prompt «Hä Näi», di lengscht Ziit isch es soo ggange, bis de Vatter uuni Voorwaarnig gsaat hät «Hä Näi», ooni emol ieghäije wächslet au de Hannes. Mengsmol isches luschtig gsii, s hät sich aber au zunere Närvesägi chöne uuswachse.

Au s Bild und de Toon vom Matthias wend zu irem Rächt choo. En tüppige Oobed isch es gsii noch emene schtrenge Tag. De Schtift, und doo nonid Grossvatter, sind am Mälche.
De Matthias gummpet bim Noochber uf ere Biig Wällbläch ume. Alles Zuerede, er söll doch hööre, nützt nüüt. Er träijt sich no, daner de Vatter numme gsiet, und gummpet wiiter. Wo de letscht Närv ggrisse gsi isch, rennt de Vatter über d Schtrooss und püügt dä Kärli übers Chnüü, und versolet em mit dr flache Hand de gschpanne Hindertaal.
Ooni dergliiche z too, rennt doch dä, woner wider fräi gsi isch, zur Mueter i d Chuchi zum de Vatter go verchlage.
«Etz hät miir doch de Vatter öppe zwölf mol uff s Füdle ggee, aber schtarch, und ich briesche nid emol. Gäl ich bi en Tapfere.»

Woo bliibt doo d Würkig?

Die zwoo Chatze liged no am gliiche Ort und mi maant, si schloofid fescht. We me guet häre lueget, gsiet me, da si ganz langsam und tüüf schnuufed, mit sich und der Wält zfride sind.
Vilicht träumets au vonere fätte Muus.
De Grossvatter tenkt: etz gang ich denn i d Chuchi ue und iss no e Schtuck Broot, en Schnäfel Chääs und trink no ne Kaffi derzue. Als

Tessäär en Öpfel und denn ab i d Fädere. Am halbi segsi mornemorge schället de Wecker wider. Und de moorndrig Tag fangt jo bekanntlich hütt der Oobed aa. We me nid is Bett goot, mag me au nid druus.

I dem Moment machts d Garteschtäge uff «mau mau mau mau.» D Romi, di aalt Chatz chunnt mit ere Risemuus derthäär. Im Garee, uni sich lang z psinne, renned di zwoo, wo vorig so fescht und tüüf gschloofe hend, derthäär.

Di Aalt loot die Muus ghäije und di Junge schtriited drumm. Baald rennt aani mit däre Muus dervoo. Würft si amel wider i d Luft und spilt mitere. Derwiile hocket di ander wie en gschpannte Giigeboge e par Schritt dernäbet. Zmool, en Gump, und disi suecht d Muus. Die wo näbet enne ghocket isch, rennt mit irem Fang furt und knurret di ander aa, wenn si iren Psitz wider wott.
Erbaarmigslos schpiled die Chatze mit sonere Muus und frässed si aaschliessend mit Gnuss.

D Romi hät zeerscht iren verzuuslet Balg wider ebe gschläcket und denn ischi langgschtreckt unne a der Schtäge uff de Bode gläge. Aber nid lang. Bald ischi wider uffgschtande und furtgloffe.
Churz drüberabe chunnt si noemol mit sonere Muus de Gaarte uf. «Mau mau mau».
Damol holt si sich die, wo si s letscht mol verloore hät, verschwindt dermit imene Egge, schpillt numme lang und frisst si gleitig.
D Romi verchrüücht sich inen andere Egge und liit anen Chrugel uf en aalte Sack.
Sii hät Fiirobed.
De Grossvatter hocket immer no uf em Brunnerand. S Füdle tuet em zwoor e chli wee. De Brunnerand isch äbe no schmaal und mit vil Schpäck isch da Füdle nid gsägnet.
«Wotsch nid cho z Nacht ässe, dan ich au Fiiroobed überchum?», rüeft

d Grosmueter vom Balkoon obenabe.
Zu Broot und Chääs häts no e frischi Tomate und e par Guggummere-
redli ggee.
S Kafi und de Öpfel zum Tessär hend au nid gfäält.

Abend ward, bald kommt die Nacht,
schlafen geht die Welt;
denn sie weiss,
es ist die Wacht
über ihr bestellt.

Jesu Christ, mein Hort und Halt,
dein gedenk ich nun,
tu mit Bitten dir Gewalt:
Bleib bei meinem Ruhn.

Wenn dein Aug ob meinem wacht,
wenn dein Trost mir frommt,
weiss ich, dass auf gute Nacht
guter Morgen kommt.

(Evangelisch-reformiertes Gesangbuch
der deutschsprachigen Schweiz, 601,1.3.4)

Die prekäre Lage der «Trochebröötler»

Ernst Ehrats Bauernbetrieb im Regenschatten des Schwarzwaldes

Am 13. Januar 1937 wurde ich in Lohn im Kanton Schaffhausen geboren. Meine Eltern führten einen kleinen Bauernbetrieb im Nebenerwerb. Ich hatte keinen langen Schulweg und musste während acht Jahren lediglich über die Strasse zum Schulhaus gehen. Am 1. April 1966 konnte ich dem Vater den Betrieb abkaufen, und bereits am 19. April habe ich Elsa Gysel geheiratet. Im jugendlichen Übermut, verbunden mit neuen Ideen von der landwirtschaftlichen Ausbildung her, versuchten wir miteinander den Betrieb auszubauen und wenn möglich zu vergrössern. Im Dorf, wo wir waren, war das aber leider nicht möglich. Darum gaben wir 1978 den Dorfbetrieb auf und sind auf ein Gut auf dem Lande ausgesiedelt.

Unser neuer Betrieb basierte auf Milchwirtschaft und Ackerbau. Er liegt gut 600 Meter über

Ernst Ehrat schätzt den Umgang mit der Schöpfung. Hier schneidet er gerade Bäume. (Bild: Archiv E. Ehrat)

dem Meeresspiegel auf dem letzten Ausläufer des Juragebirges auf einer Hochebene, der Sonne und dem Wind ausgesetzt. Zudem liegt der Hof im Regenschatten des Schwarzwaldes, so dass die Gegend hier eher trocken ist. Auf 1999 verkauften wir den Betrieb unserem Hannes. Damit konnte ich auch die Lasten der Büroarbeit abgeben. Wir zwei alten Leute sind noch da, wenn Hilfe benötigt wird.

Der Anstoss für meine Schreiberei gab ein unfreundlicher Brief, den ich an Bauer John, Hans Neukomm, Redaktor der Zeitung «Schaffhauser Land» verfasste. Er schrieb in seinem Jahresrückblick von einem guten, erfreulichen Jahr, ungeachtet der Tatsache, dass unser Land im Sommer wieder einmal fast ausdorrte. Das war im Herbst 1985. Auf

Ernst Ehrats Berner Sennenhund mit Katze Romi. (Bild: Ernst Ehrat)

meinen Vorwurf hin, er solle in seinen Berichten auch die prekäre Lage der «Trochebröötler» erwähnen, schrieb er postwendend zurück: «Mein Lieber, nichts steht Dir im Weg, um Deine Sicht und Dein Empfinden in unserer Zeitung zu veröffentlichen, das kann der Vielfalt unseres Blattes nur nützlich sein.» Von da an arbeiteten wir gut zehn Jahre zusammen. Es war eine gute Zeit, an die ich mich gerne erinnere. Als Korrespondent kam ich an Orte, die ich ansonsten nie besucht hätte. Und das alles ohne Krawatte und Bügelfaltenhose, und ich habe die dümmsten Fragen stellen dürfen. Immer wieder formte er meine Notizen in ein lesbares Zeitungsdeutsch. Als der Bauer und Redaktor John pensioniert wurde, ging auch die Zeitung ein.

Ich aber schrieb weiter, einfach so, für mich, weil ich dachte, dass es sich lohnte, dies und jenes schriftlich zu verewigen. Wenn es aber schon darum ging, etwas Schriftliches zu bewahren, wurde auch der Gedanke wach, im Schreiben gerade auch unsere Mundart zu pflegen und zu bewahren. Das wurde dann ein schwieriges Unterfangen, insbesondere wegen der Rechtschreibung und der Grammatik. Schreibt man «Höhli» oder «Hööli»; schreibt man «Pfohl» oder «Pfool». Was da ein einzelner Buchstabe ausmacht! Als es in unserer Gegend darum ging, die Flurnamen neu festzulegen, wurde ein Mundartfachmann vom Kanton beigezogen, Herr Dr. Alfred Richli. Er begutachtete einen Text von mir und ermunterte mich zum Weiterschreiben. Er wurde mir zu einem Ziehvater.

Bei meinem Schreiben geht es mir insbesondere um das alltägliche Leben, wie wir mit den Gaben, die uns anvertraut sind, umgehen, wie wir sie pflegen und anwenden. So soll erwähnt werden, wenn es um den kranken Nachbarn geht, wenn der Bauernstand die Seele verloren hat oder wenn Mann und Frau Auseinandersetzungen haben. Ich meine, dass gerade die Tatsache, wie wir mit Gefreutem und Unerfreulichem umgehen, der Nachwelt erhalten werden sollte. Dabei tut es unserer Ehre keinen Abbruch, wenn wir auch zu unserem Versagen stehen. Beim «Oobesitz» sass ich wirklich auf dem Brunnenrand. Genau so, wie ich es aufschrieb, war es auch.

Die Politik interessierte mich zeitlebens nur wenig, jedoch aber Gottes Schöpfung. Mit ihr durfte ich arbeiten, und sie brachte mich zum Staunen. Es ist etwas Grosses, wie Gott uns in seiner Schöpfung und in seinem Wort begleitet. Das Staunen und die Ehrfurcht vor der Schöpfung macht das Bauernleben erst interessant.

Ernst Ehrat

Willy Gerber, Laupersdorf SO
(verstorben am 6. März 2009)

Der Informations-Anlass

Im «Schweizer Bauer» las ich einen mir neuen Begriff aus dem agrar-politischen Vokabular: «Abgefedert». Damit sei die «soziale Absiche-rung» für Bauern gemeint, sozusagen ein Notausgang mit Sprungtuch, vorwiegend für kleine und alte Bauern. Ein agrarpolitisches «Happy»-Bett als Ersatz für echte Chancen im Alltag.

Abgefedert…

Die Frau des kleinen Bauern Hans
rupft eine alte Weihnachtsgans.
Sie hält sie fest in ihrem Schoss
und rupft den Braten federlos.

Derweil liest Hans, ihr Bauerngatte,
die Meldung in dem Bauernblatte,
womit man kleine Bauern ködert:
«Die Zukunft wird euch abgefedert!»

Erleuchtet sieht der Bauer Hans
auf seine Frau und ihre Gans,
und spricht dann zu der lieben Seinen:
«Jetzt weiss ich endlich, was die meinen!»

Etwas für Bauern, das mit ihrer Anwendung von vernünftig verwalteter Zeit für Familie, Berufsauffassung und mit ihrem eigenen Lebensinhalt zu tun hat – eine Art Bauernspiegel:

Ich muss! Ich muss!

Der Zeitgeist macht uns oft Verdruss.
Besonders dies: «Ich muss! Ich muss!»
Man rühmt der Freiheit Überfluss –
und duckt sich dann: «Ich muss! Ich muss!»

Die Welt ist voller Kritiküsse,
die sagen, was man müssen müsse.
Manch' Herz besteht aus kaltem Guss.
Pocht immerzu «Ich muss! Ich muss!»

Am Telefon, bereit zum Gruss,
was sagt der Freund? «Du weisst, ich muss!»
Legt dir einen Vorwand dann zu Füssen,
gerade jetzt etwas «zu müssen».

Sind gar dem Bauern Überschüsse
ein Zeugnis, dass er «in» sein müsse?
Kein schöpferischer Müssiggang,
geschweige denn der Lerchengesang.
Der Blick zur Nachtzeit zu den Sternen,
soll von Dynamik ihn entfernen.

So ist es heute auf der Welt:
Die Zeit ist knapp, die Zeit ist Geld!
Das «goldne Kalb» hält ihn im Schuss,
und treibt ihn an: «Ich muss! Ich muss!»

Wo früher schöne Pferde schritten,
die Schweine keine Plage litten,
die Kühe in normaler Zahl,
und Mutters Hühner liberal:
Da war das Leben ein Genuss!
Befreit vom Ruf «Ich muss! Ich muss!»

Doch bald schon, nach dem letzten Kriege,
entstieg ein Geist des Teufels Wiege.
Fing an, die Seelen anzufressen
und machte Menschen geldbesessen.
Besudelte des Schweizers Schweiz
mit Raffgier, Grössenwahn und Geiz!
Manch Bauer schwimmt im trüben Fluss.
Er tröstet sich «Ich muss! Ich muss!»

Von Blumenwiesen, schönen Hecken,
den Schmetterlingen, Weinbergschnecken,
hat diese Gattung keine Ahnung.
Nur Geld und Gut sind Zukunfts-Planung.
«Wozu braucht denn der Mensch die Ethik?
Das Geld ist Basis der Genetik!
Wer es nicht glaubt, der wird es büssen,
wird stets im Schatten leben müssen.»

Kaum ist der Mann aus seinem Bette
hat ihn die Leistung an der Kette.
Noch kurz zuvor, vielleicht im Traume,
hielt scharfes Rechnen ihn im Zaume.
Das Gröbste macht zwar der Computer.
Vergessen ist des Hauses Mutter.
Denn Zeit ist Geld! Da gibt's kein Kuss.
«Ich muss! Ich muss!»

«Dann kam der unfreiwillige Abschied vom Pachthof Emmenholz»

Willy Gerber – vom hohen Norden ins Solothurnische

«Mitte März 1950 stieg ich bei Minus 23 °C Kälte auf ein Schiff nach Finnland, eine unruhige Reise durch gefrorenes Meer, voraus ein Eisbrecher», erinnerte sich Willy Gerber und sagte weiter: «Mit vier Stunden Verspätung endete die Fahrt in Helsinki». Als er am 4. Mai 1948 erstmals von Zuchwil eine lange Reise per Zug von Solothurn nach Kopenhagen antrat, blieben die Bilder aus den zerbombten deutschen Städten in seinen Gedanken hängen. Hunderte von Kindern warteten am Geleise und flehten nach Gaben, als der langsam fahrende Zug an ihnen vorbei schlich.

Willy Gerber war kein grosser Freund der Grundschule. Es war eine Befreiung für ihn, als er endlich die Landwirtschaftsschule Schwand in Münsingen besuchen konnte, etwas lernen konnte, das Hände und Füsse hatte und die Möglichkeit erhielt, im Ausland als Landwirtschaftspraktikant zu arbeiten. So führte ihn seine erste Reise nach Dänemark, weiter zog es ihn in sechs andere europäische Länder, wie nach Frankreich, Norwegen, Schweden, Finnland und Deutschland. Immer arbeitete er auf Bauernhöfen, lernte fremde Kulturen, andere Arbeitsweisen und Landwirtschaften kennen. Am besten aber gefiel es ihm auf dem Hof Stubbelösegaard in Söborg in Dänemark bei Peter und Doris Andreasen, und insbesondere hatte es ihm ihre einzige Tochter Kirsten angetan. 1958 heiratete Willy Gerber Kirsten in der alten Kirche von Söborg. Er rechnete es seinen Schwiegereltern zeitlebens hoch an, dass sie ihre Tochter mit ihm in die ferne Schweiz ziehen liessen.

Die beiden bewirtschafteten den Pachthof Emmenholz in Zuchwil in der dritten Generation Gerber. Ab dem 1. April 1959 übernahmen

Willy Gerber (1926 – 2009). (Bild: Archiv K. Gerber)

Willy und Kirsten den Hof. Im gleichen Jahr kam dann auch die Tochter Hanna Karin zur Welt, 1961 der Sohn Peter. Die Familie Gerber betrieb vorwiegend Saatwirtschaft, zu Beginn auf 50 Hektaren. Nach und nach ging wegen Industrie- und Sportbauten Land verloren, so dass das Gut auf 29 Hektaren schrumpfte. Als der Besitzer den Betrieb verkaufte und Gerbers ausziehen mussten, war das ein harter Schlag. So viele Erinnerungen waren mit dem Emmenholz verbunden, Erinnerungen an den Grossvater, der ihn auf seinen Schultern trug, Erinnerungen aber auch an die liebe Mutter, die bereits im September 1944 verstarb, ein Schock für den damals 21 Jahre alten Willy, der dann gleich nach der Rekrutenschule in die weite Welt zog. Als der Betrieb in andere Hände ging, war der 1926 geborene Willy Gerber 62 Jahre alt. Doch in Laupersdorf fanden Willy und Kirsten Ruhe und ein neues Zuhause und konnten sich mit Freuden ihren Interessen widmen. So liebte Willy Gerber klassische Musik und lernte während sechs Jahren Geige. Grosse Freude bereitete ihm aber auch seine Enkelin Lara. Der Sohn blieb der Landwirtschaft treu, wenn auch in etwas anderer Form. Er studierte Agroingenieur.

Das Schreiben war Willy Gerber immer ein Anliegen. Wichtige Erlebnisse in seinem Leben versuchte er auch schreibend zu verarbeiten. In das Gedicht «Abgefedert» ist das schwere Erlebnis, als die Pacht gekündigt wurde, eingeflossen. Willy Gerber setzte sich immer für die Kleinbauern ein. Er verstand nicht, warum man stetig grösser werden sollte. Die Freude am Bauer-Sein zählt doch. Er kämpfte für diese Anliegen jahrelang im solothurnischen Saatzuchtverband und brachte seine Meinung auch in rund 140 Leserbriefen zum Ausdruck. Am 6. März 2009 verstarb Willy Gerber, der seine Erlebnisse auf weit abgelegenen Höfen im Norden Europas immer in seinem Herzen trug.

Regula Wloemer

Barbara Perreten, Lauenen BE

Kontrast

Ds Handy im Sack
de Labtop fählt nid
d Swatch ume Arm
de Walkman chonnt mit.
Was isch das für e Wält,
wo's heisst: Zyt isch Gäld?
Macht, Prestige elei,
wo si Stress und Ghetz hei.

Chumm, i zeige dir
ou e anderi Wält
e heili derzue
wo's nid geit ums Gäld,
vo Chüeh, Geisse, viel Gras,
Brot, Chäs, Milch im Glas.
vo Friede und Rueh
und Bärgluft derzue.

Ds Läbe isch andersch,
bi Geiss, Rind u Chalb.
D Chuehglogge lüüte
no hie uf der Alp.
S'isch schön da hie obe,
doch wärche muesch brav,
ke Stadtlärm und Chaos,
derför e gsunde Schlaf.

Heb Sorg zu de Bärge,
heb Sorg zur Natur.
Da isch mängs no ir Ornig,
freis Läbe puur.
Ich möchti nid tusche
mit all dene Bursche,
wo kei Ahnig hei
und alls modern wei.

Louene

I ha mis Härz verlore,
da hinde i däm Tal.
Bi Chuehli, Bach, Wildhore,
chasch jutze x-hundertmal.

D Flüeh, so wunderbar und nah
und ruehig dr Louenesee,
finde wetti hie min Maa,
sis Heimet hani hütt scho gseh.

Hie möchti für immer blibe,
so langs dr Herrgott will.
I gloube, ich chönnti alles liebe,
hie würd mir gar nüd z viel.
I dere schöne Bärgewält,
be Alphorn, Chüeh und Stier,
bruuchti gwöss wäger nid viel Gäld,
nur Liebi u miner Tier.

«Im Innersten hatte ich die Sehnsucht nach Landwirtschaft, Bergen, Natur»

Barbara Perreten-Hauris erfüllter Traum

Barbara Perreten-Hauri wurde im Jahr 1967 im Kanton Aargau geboren und heiratete 1993. Seit diesem Zeitpunkt lebt und arbeitet sie auf dem Hof, den ihr Mann von den Eltern übernommen hat - ein kleiner Bergbauernbetrieb, im Winter Talbetrieb, vorwiegend mit Milchwirtschaft mit sieben bis neun Kühen. Dazu Jungvieh, drei Ziegen und Zwerghühner. Bis 2007 war die Familie mit 50 Kühen auf einer grossen Alp, wo der Mann, Ulrich, im Sommer angestellt war. Jetzt betreuen die beiden eine kleinere Alp mit weniger Kühen. Die Kinder, vier Mädchen im Alter von 8 bis 14 Jahren, haben ebenso Freude, «z Bärg z ga». Sie helfen auch ab und zu im Stall. Im Sommer bei Schulbeginn gehen sie ins Tal zu Kameraden.

Der Ehemann arbeitet in Lauenen noch als Zimmermann, zusammen mit seinem Cousin. Barbara Perreten erteilt Werkunterricht, ist immer wieder auf begrenzte Zeit angestellt – ein guter Ausgleich. Sie war ursprünglich Architekturmodellbauerin (Modellbau von Häusern, Fabriken, Turbinen).

Geschrieben hat Barbara Perreten schon lange – erstmals etwa vor zwanzig Jahren – ab und zu ein Gedicht, manchmal ein Lied zu einer Hochzeit, das sie zu vorhandenen Melodien gedichtet und

Barbara Perreten.
(Bild: Archiv Perreten)

dann vorgesungen hat. Schreiben macht Freude: «Öppisem Usdruck gä – usem Buuch use…», einfach eben zu Geburtstagen, auf bestimmte Personen bezogen, auch für die Schulkameradinnen der Bäuerinnenschule oder zum Geburtstag der Grossmutter, zum Hochzeitstag ihrer Eltern zu deren Freude. Der erste Anlass war ein Jodel-Lied-Schreibwettbewerb beim Radio. Sie hat auch ab und zu für die Zeitung geschrieben oder Texte verfasst und sie auf Lebkuchen geklebt, die sie dann verschenkt hat. Nachstehend ein paar persönliche Gedanken von Barbara Perreten zu Vergangenheit und Zukunft:

Heinz Stauffer

«Ich habe eine grosse Entwicklung durchgemacht von der Stadt in die Berge. Ich bin – wie gesagt – in Aarau aufgewachsen, habe die Schule dort besucht, Positives und Negatives in meinem Leben erfahren, auch Vor- und Nachteile einer grösseren Stadt erlebt, eine Lehre als Architekturmodellbauerin absolviert (Wettingen und Berufsschule Zürich) und in verschiedenen Berufen gearbeitet. Aber immer hatte ich im Innersten die Sehnsucht nach Landwirtschaft, Bergen, Natur…vier Kindern…Berner Oberland…kurz und gut, so wie ich dann tatsächlich von Gott geführt worden bin! 1991 habe ich die Bergbäuerinnenschule Hondrich besucht und seit Juni 1991 lebe ich im Berner Oberland. Hier bin ich nun Bergbäuerin mit meinem Mann, der im Gedicht «Louene» beschrieben ist. Und wir haben vier Kinder. Im Bergbauernleben gibt es Gutes, Schönes und weniger «Gfreuts»; dies habe ich in den bald zwanzig Jahren auch erlebt, bin jedoch in meinem Lauenental sehr zufrieden und fühle mich als ehemalige Unterländerin sehr wohl hier. Für mich ist es wichtig, dass ich neben der strengen Arbeit und der Familie auch meinen Ausgleich habe. Mit kreativem Schaffen, sei es Fotografieren, Gedichte schreiben, Basteln, Werken (in zwei Läden Schaufenster dekorieren) oder auch mal nach Thun oder Bern «ga lädele…», habe ich diesen Ausgleich. Unseren Kindern möchte ich die Werte des christlichen Glaubens, aber auch den Umgang mit den Mitmenschen, den Tieren und der Natur nahe bringen. Nicht eine «nur heile Welt» vorgaukeln, sondern, dass sie die Herausforderungen, die ihnen das Leben stellt, annehmen und bewältigen lernen und selber bodenständig ihre Zukunft meistern können. Für sie gibt es das Älplerleben, aber auch Tanzen, Musizieren, Stallgewand, modernere Klamotten, Kuhgeläute und DVD's, PC und Fernsehen.

Zukunftsaussichten, oder der erfüllte Traum. Katja, Sonja, Tanja und Silja blicken in die Ferne im Berner Oberland. (Bild: Archiv Perreten)

Für uns als Kleinbauern sieht die Zukunft eher düster aus. Mal schauen, wie sich die ganze Politik, die Wirtschaft, ja einfach alles entwickeln wird. Manchmal macht's einem Angst, manchmal ist es auch ermüdend, wenn man sich neu orientieren muss (neue Vorschriften, neue Ideen), aber manchmal schaut man wieder mutiger drein und ist voller Elan, etwas in Angriff zu nehmen. Wie es halt so ist.»

Barbara Perreten

Dominik Büsser, Rapperswil-Jona SG

Sunnefinsternis

Dunkelheit, e eigenartigi Macht,
wo Angst und Gfühl verändere cha,
wo Guets und Schlechts verbirgt,
doch s Tier und d Pflanze profitiert.

S Liecht entmachtet d Dunkelheit,
Heimtückisches chunt i Verlegeheit,
Versteckts wird enthüllt,
s gueti Gwächs neu ufblüeht.

D Sunnefinsternis bi hellem Tag
Trifft d Gmüeter uf verschiedeni Art.
De Sinn vom Läbe neu überdenke,
s übertriebene Verhalte ischränke!

I jedem Bereich Mass halte,
s Bewährte tuet sälte veralte!
D Schmarotzer stönd uf wackligem Grund,
immer meh welle, isch nöd gsund.

Nöd unterschätze, was eim begegnet,
Achtig ha vor jedem Läbe!
D Zit goht verbi bi Nacht und bi Tag,
jedi Wohltat isch e fruchtbari Saat!

Verschollene Gedanken

Verlockende Angebote,
hektische Zeiten;
verborgene Not,
schweigende Geister.

Wankende Sicherheit
prägt die Geschichte.
Reizende Neuheit
hemmt die Pflichten.

Überladene Gemüter
von Hastigkeit bedroht.
Unsichere Arbeit und Güter,
besorgt für's tägliche Brot.

Dominik Büsser als junger Bauer zum Stall hinausschauend.
(Bild: Archiv Büsser)

Beschwerte Einsamkeit fühlt
Beharrlichkeit im Freundeskreis.
Keimende Hoffnung aufblüht,
umringt den Erdenkreis.

So nahe das Leben,
doch so unbekannt.
Von Freud und Leid umgeben,
behütet in Gottes Hand.

Dominik Büsser war Grauviehhalter

Diese Aussage passt zum im Jahre 1926 geborenen Dominik Büsser aus Rapperswil-Jona, denn er ist «von Geburt an» ein Naturmensch, wie er spontan und mit voller Überzeugung sagt. Er beobachtet mit wachem Blick und viel Gespür das Erwachen und Gedeihen der Natur im Jahresverlauf. Als Bauernsohn lernte er früh im Einklang mit der Natur zu leben. Glücklich war er, als er 1969 das Heimet kaufen konnte. Er schätzte es, dass er nun selber Herr und Meister war und nach seinen Vorstellungen walten konnte. Er konzentrierte sich auf die Milchwirtschaft. Dabei hielt er Grauvieh. Mit Stolz erinnert er sich an die Zeit, als er Stiere hatte und die liebliche Rasse des Grauviehs gar

Dominik Büssers erster Stier an der Bezirksschau Kaltbrunn im Jahre 1972. (Bild: Archiv Büsser)

Dominik Büssers Schwizerörgelispiel im Wald. (Archiv: Büsser)

züchtete. Weiter bewirtschaftete er Wald. Es war ihm immer ein grosses Anliegen, dass das Schweizer Holz Verwendung findet. Die Zeit im Wald beim Holzen genoss er. Spuren von Mardern, Füchsen und Rehen zogen sich durch den Schnee, winzige Wintergoldhähnchen huschten durch das kahle Geäst, Zaunkönige flatterten durch die erdbesetzten Wurzeln eines umgestürzten Baumes und ein Rotkehlchen flötete melancholisch in die klirrende Februarkälte. An den milden Gestaden des Zürichsees gediehen auch Reben. Dominik Büsser betrieb nebenher auch noch Weinanbau. Die Pflege der Rebenstöcke verlangte stets besondere Kenntnisse.

Dominik Büsser ist ein Original. Zeitlebens blieb er unverheiratet, vertrat bodenständig seine Ansichten, setzte sich für den Bauernstand und für die Natur ein. Doch auch die Nächstenliebe ist ihm wichtig. Das kommt auch in seinen vielen Leserbriefen zum Ausdruck. Er kommt in Fahrt, wenn er vom Bauernstand und seiner Naturverbundenheit erzählt. So schrieb er einmal: «Unsere Vorfahren haben uns eine fruchtbare wunderschöne Landschaft hinterlassen: Vielfältige freilebende Tier- und Vogelarten, Teiche mit Wasservögeln, den Duft des Waldes, der Bäume Blütenpracht im Frühling mit den Melodien der Singvögel. Beugen wir uns demütig vor der Natur und versuchen wir, die wegen unseres Fehlverhaltens verlorene Pracht wieder aufzubauen.» Dominik Büsser hält nichts von der oft vorherrschenden Weltuntergangsstimmung. «Nicht Schwarzmalerei, sondern Zuversicht und Frohmut sind unseres Lebens Fundament», sagt er bestimmt.

Seit nunmehr 40 Jahren dichtet und schreibt Dominik Büsser, macht sich Gedanken zur Erde, zu allen Tieren und Pflanzen, zum Bauernstand und zur Politik. Nicht nur die Sonne spendet Licht und Wärme in seinem Leben, sondern auch die Musik. So widmet er sich dem Schwizerörgelispiel, manchmal sogar im Wald.

Lars Lepperhoff

Mathilde Wigger, Rengg/Entlebuch LU

Lachfilm

Von uns zweien gäbs manchmal einen Lachfilm, wie wir fausten
grade so wie früher unsere Erzväter hausten.
Heute waren wir im Wald mit beiden Traktoren
Peter sagte: du stosst hinten, ich ziehe voren.
Sonst kann es sein, dass ich diese Tanne nicht bringe vom Fleck
und dann sitzen wir beide hier im Dreck.
Also nun starten die Motoren wie abgemacht
Mathilde fährt rückwärts und grinst und lacht.
Der Peter fährt mit der Tanne davon
bis ich rückwärts getuckert bin, wartet er oben schon,
dann lässt er mich vorfahren,
denn es gibt noch eine feuchte Stelle mit Gefahren.
Falls er dann dort stecken bleibt
Mathilde es den Schweiss austreibt,
dann müsste ich Traktor mit Tanne ziehen.
«Nur das nicht», sonst würde ich am liebsten fliehen.
Ich beobachte, wie er jetzt zu spulen beginnt
doch Peter vorerst den schnellen Gang einnimmt.
So hat er immer noch genügend Pfus
und er kommt bald aus der Pfütze drus.
Wär ich ein Traktorfahrgenie,
gäb es solche Ängste nie.
Die Strasse durch unsern Wald ist steil und eng.
Exakt Spuren fahren, sonst macht es päng!

Nachbarschaft

Vor zwei Monaten haben wir unterhalb neue Nachbarn bekommen.
Da ist mir der Gedanke gekommen
ich könnte mal was über Nachbarschaft schreiben.
Bei diesem Thema will ich nun bleiben.

Schon in meiner Kindheit hab ich erlebt
wie fruchtbar es ist, wenn man sich bestrebt
mit den Nachbarn zusammenzuspannen
und einander hilft, nicht nur bei Pannen.
Wir haben geteilt miteinander Freud und Leid.
So beginnt der Weltfriede nah und weit.

Zusammen wurde geheuet und Kartoffeln gelesen.
Wie wertvoll war doch diese Zeit gewesen.
Als die Erwachsenen mit der grossen Kinderschar
tagelang beim Kartoffeln graben warn.
Wir Kinder taten uns nicht gerne lange bücken.
Zwischendurch versuchten wir uns von der Arbeit zu drücken.
Doch schon bald ertönte eine Mahnung
und wir begannen wieder voller Schwung.
Das Vieruhrbrot kann ich nicht vergessen,
als wir alle zusammen auf dem Wagen gesessen.
Brot und Servela nahmen wir in die Hände voller Erde
niemand kam auf den Gedanken, davon krank zu werden.
Zusammen haben wir erzählt und gesungen.
So sind die Rückenschmerzen verklungen.
Sobald sich Mäuse auf die Flucht gemacht
haben wir sie barfuss tot gebracht.

Den langen Schulweg haben wir mit Nachbarskindern bezwungen.
Wir haben erzählt, gelacht, plagiert und gesungen.
Zwischendurch gabs auch mal einen Streit.
Doch es brauchte nicht lange Zeit.
Wir reichten einander die Hand
und der Friede war wieder im Land.
Die Eltern haben sich nicht in unsere Fehde gemischt.
Auch wurden nicht alte Fehler aufgetischt.
So haben wir Wichtiges fürs Leben bekommen
und haben dies auch mitgenommen.

Wir Kinder gingen in beiden Häusern ein und aus,
als wäre es unser eigenes Haus.
Hat eine Mutter ein Kind bekommen,
hat die andere die Kleinen zur Aufsicht übernommen.
Wir sind alle zu Hause geboren.
So haben wir im Spital keine Zeit verloren.
Kaum war die Hebamme aus der Stube,
schauten wir ins Bettchen und fragten: Mädchen oder Bube?
Kaum war die Überraschung vorbei am Heilig Abend,
gingen wir Kinder freudig trabend
hinüber zu des Nachbars Haus
und schauten und zeigten, was aus dem Päckli kam heraus.
Um Mitternacht sind wir alle zur Mette gelaufen.
Diese frohen Erlebnisse kann man nirgends kaufen.
Wie hat mich doch das Schlusslied «Stille Nacht»
jeweils gerührt und zum Frösteln gebracht.

Auch hier, wo ich mit meinem Mann lebe ein Vierteljahrhundert
schätzen wir eine gute Nachbarschaft, wen wundert's.
Ein kurzer Anruf per Telefon,
dann gehts nicht lange, schon

erscheint der Nachbar und legt Hand an.
Sei es beim Kalbern, oder wo Not ist am Mann.

Ich persönlich durfte es mehrmals erfahren
als ich vor einigen Jahren
schwach vom Spital bin zurückgekommen.
Eine Nachbarin hat mir viel Arbeit abgenommen.
Die Nächste hat während meiner Abwesenheit
meinen Mann mit gutem Essen erfreut.
So haben alle teilgenommen an unserem Los.
Unsere Dankbarkeit ist heute noch gross.

Auch die jungen Leute, nun weggezogen,
sind uns sehr ans Herz gewachsen.
In manchen Tag- oder auch nächtlichen Stunden,
haben sie sich als treue Helfer eingefunden.

Obwohl es die letzten zehn Jahre mehrere Wechsel hat gegeben,
wir durften jedesmal zuvorkommende Leute erleben.
Auch diesmal schätzen wir diese wertvollen Gaben,
dass wir wieder gut gesinnte Nachbarn haben.

«Im Sommer legten wir den Schulweg meist barfuss zurück, im Winter in Holzschuhen»

Schon Mathilde Wiggers Vater schrieb gerne

Aufgewachsen inmitten einer grossen Geschwisternschar mit fünf Brüdern und fünf Schwestern bin ich auf einem hügeligen Bauernhof im Luzerner Hinterland. Mit Jahrgang 1954 wurde ich in eine interessante Zeit hineingeboren. Als Kind lernte ich das Bewirtschaften eines Bauernhofes mit Handarbeit und Pferdefuhrwerken kennen. Kinderarbeit war damals noch nicht verboten. So lernten wir Kinder schon früh allerhand Wichtiges fürs Leben.

Sechs Jahre besuchte ich im Dorfschulhaus von Altbüron die Primarschule. Sie hatte zwei grosse Zimmer für den Unterricht und ein Handarbeitszimmer. Die Kinder der ersten bis zur dritten Klasse sassen in einem Raum mit einer Lehrperson und diejenigen der vierten bis zur sechsten Klasse im andern. Jedes Schulzimmer war mit fünfzig Schülern belegt. Damals waren Blockzeiten üblich. So schauten die Grösseren zu den Kleinen. Den drei Kilometer langen Schulweg legten wir zu Fuss zurück. Im Sommer meist barfuss, im Winter mit Holzschuhen an den Füssen. In der kalten Jahreszeit gab es Milchsuppe. Das Mittagessen, bestehend aus Milch und Brot, durften wir in den Schulräumen einnehmen. Die dadurch gewonnene Freizeit füllten wir mit Schlitteln am Schulhügel oder mit Lesen aus. Gab es mal zur Abwechslung in diesem Menuplan Apfelwähe, so mussten wir an unserem freien Donnerstagnachmittag Äpfel schälen und rüsten. Diese brachten wir dem Dorfbäcker, und er buk damit für die Schulküche etwa zweimal pro Winter feine Apfelwähen. Zwei Jahre besuchte ich die Sekundarschule in Grossdietwil. Für den vier Kilometer langen Weg durfte ich das Velo benutzen. Unsere Pfarrkirche stand auch in diesem Dorf.

Nach der obligaten Schulzeit mussten wir Mädchen das Haushaltlehrjahr besuchen. Danach konnte jedes einen Beruf erlernen. Ich blieb der Scholle treu und besuchte im Sommer 1973 die Bäuerinnenschule im Kloster Fahr. Als Haushaltangestellte oder Familienhelferin wirkte ich mehrere Jahre quer durch die Deutschschweiz bei vielen Familien.

1979 lernte ich am kantonalen Landjugendtag meinen Mann kennen. Im Mai 1981 schlossen wir den Bund fürs Leben. 1984/85 sind wir zusammen für zehn Monate nach Neuseeland und Australien gereist, mit dem Gedanken, auszuwandern. Seit dem Sommer 1985 bewirtschaften wir nun aber die Diepoldsrüti. Dies ist der elterliche Hof

Mathilde Wigger beim Füttern der Hühner mit dem Ferienkind Benjamin. (Bild: Archiv Wigger)

meines Mannes. Da unsere Ehe kinderlos geblieben ist, haben uns viele Ferienkinder Leben ins Haus gebracht. Später betreuten wir Pflegekinder. Nun stehen alle auf eigenen Beinen. Wir sind wieder allein. Nach einem schweren Unfall meines Mannes im Mai 2008 steht es noch offen, ob wir den Milchwirtschaftsbetrieb umstrukturieren müssen.

Meine Hobbies sind Lesen, Wandern, Natur beobachten, Scrabble spielen, Jassen, Briefe und Gedichte schreiben und Tanzen. Mein Vater war schon ein beliebter Schreiberling und bekanntlich fällt der Apfel nicht weit vom Stamm. Die meisten meiner Geschwister schreiben auch. Unser Schullehrer legte damals viel Wert auf einen abwechslungsreichen Wortschatz. Ich denke, dass das viele Lesen auch das Seinige dazu beigetragen hat. A propos Briefe oder Gedichte schreiben: Ich weiss, dass ich damit vielen Menschen eine Freude bereiten kann. Dies kann ich von hier aus tun. Ich muss dazu nicht vom Hof weg. Oftmals erzähle ich meine Erlebnisse oder Naturbeobachtungen in Versform. Ich schreibe ganz sporadisch. Meistens kommen die Worte und Gedanken während der Arbeit oder nachts. Ich muss sie sofort aufschreiben, sonst sind sie weg. Es fliesst einfach so. Kurz gesagt, mir bereitet es Freude, andern damit Freude zu schenken.

Mathilde Wigger

Bild: Katharina Häberli

Herbst

Rosmarie Ritzmann, Turbenthal ZH

Ferien

Ein Sonnenstrahl schlüpft durchs Blätterdach
hüpft über die Zweige ins Gras.
Spielt hier und dort und spricht mit dem Wind
und zeigt in besonderem Mass:
Ausruhen, geniessen, hängt nicht davon ab,
wie weit unsre Reise geht.
Es ist das Bild, das durch Freude und Dank,
in unseren Herzen entsteht.

Üebe

En Ma ellei, Zytig ellei,
meischtens e gfreuti Sach.
Sind's binenand und schtör ich sie,
gyt's, ohni z wele, Krach!

Isch Wyterbildig daas ächt wert?
I zwyfle hüt no dra.
Doch will ich soo gärn Friede hett,
fang i mit üebe a!

Herbstmorge

En Schpinefade fyn und zart,
schpannt sich vom Hus in Garte.
Im Morgeliecht lüchted er uf,

denn muess er wieder warte.
En graue Nebel deckt en zue,
wie wenn er Gheimnis hetti.
Wo d Sunne wieder here schynt,
glänzt's, wie e Perlechetti.

Herbst

Nun stehn die Felder wieder leer,
der Pflug geht schon darüber.
Ich weiss und seh es einmal mehr:
der Sommer ist vorüber.

Und auch der herbstlich bunte Wald,
sagt es auf seine Weise:
«Auch deine Tage gehn.» Weshalb
nur wehr ich mich denn leise?

«Mein stiller Wunsch war immer, mein Leben auf einem Bauernhof verbringen zu dürfen»

Rosmarie Ritzmann ist begeistert vom Bauernberuf

Zusammen mit drei Geschwistern bin ich 1939 in Hinterhomburg TG geboren, auf dem elterlichen Bauernhof aufgewachsen und habe eine frohe Kindheit verbracht. Ich bildete mich zur Bäuerin aus und besuchte anschliessend die Hauspflegerinnenschule St. Gallen. Einige Jahre war ich als Bäuerinnenhilfe im Kanton Thurgau und später als Hauspflegerin in der Gemeinde Bürglen TG tätig. Seit meiner Heirat mit Fritz Ritzmann im Jahr 1966 lebte ich 42 Jahre auf dem von seinem Vater ererbten Milchwirtschaftsbetrieb in Neubrunn ZH. Unsere drei Kinder und viele Ferienkinder und Gäste hatten Freude, dort eine kürzere oder längere Zeit zu leben. Als unser Sohn heiratete, zogen wir aus dem Bauernhaus ins Stöckli. Nachdem wir 13 Jahre dort lebten, zogen wir in die Alterssiedlung des Dorfes Turbenthal. Auch da gefällt es uns gut. Die vielen Erinnerungen an unser Bauernleben helfen uns, diesen Lebensabschnitt dankbar zu geniessen.

Ja, unser Sohn kämpft, um den neun Hektaren grossen Milchwirtschaftsbetrieb weiterzuführen. Das ist aber nur möglich, weil er eine tüchtige Frau hat und drei, vier Tage wöchentlich bei unserem Dorf-Dachdecker arbeiten kann.

Meine Eltern haben mir die Bauernarbeit lieb gemacht. Mein stiller Wunsch war immer, mein Leben auf einem Bauernhof verbringen zu dürfen. Doch weil schon damals flotte Bauernsöhne nicht an jeder Ecke herumstanden, lernte ich noch Hauspflegerin. Und wirklich, ich konnte alles brauchen, was ich gelernt hatte. Noch heute denke ich, dass ein Bauernhof eine der besten Chancen bietet, eine Ehe zu führen und Kinder aufzuziehen. Man lebt, arbeitet und plant zusammen. Und

Rosmarie Ritzmann
auf Wanderschaft.
(Bild: Archiv
Ritzmann)

das alles umgeben von der Natur. Heute wird ein noch grösserer Einsatz gefordert. Die meisten heutigen Bäuerinnen hatten vorher einen Beruf und einen eigenen Lohn. Als Bäuerin sieht es dann anders aus. Es ist schade, dass in unserer schnelllebigen Zeit so viele zwischenmenschlichen Werte verloren gehen. So wünsche ich den Menschen in der Landwirtschaft Gottvertrauen, Geduld, Durchhaltewillen und frohen Mut.

Als junges Mädchen führte ich schon ein Tagebuch. Aber erst mit 40 schickte ich Gedichte und Kurzgeschichten für die Bäuerinnenseite des «Zürcher- und Thurgauerbauer». Die Redaktion ermutigte mich, meine Beiträge in einem Büchlein zu publizieren. So entstanden «Mini chly Wält» (1991 Huber Verlag, Frauenfeld) und «Im Schtöckli». Meine Geschichten und Gedanken sind meistens selbst erlebt oder von Menschen aus meinem Bekannten- oder Freundeskreis mitgeteilt. Es sind Vorkommnisse, die mich tief berühren oder erheitern. So kann ich Frohes oder Trauriges verarbeiten und daraus lernen.

Rosmarie Ritzmann

Erich Feurer, Sulzbach ZH

Der Schulschatz

Aus dem Radio erklingt das wunderschöne Musikstück, morgens um sieben ist die Welt noch in Ordnung und auch ich, Grossvater Buchmann, bin eigentlich mit dieser Welt recht gut zufrieden.

Ja, es stimmt schon, ich hatte mir vorgenommen, wenn ich im AHV-Alter bin, will ich das Leben so richtig geniessen mit Reisen, Bücher lesen und endlich einmal Faulenzen. Aber leider kommt es anders als man denkt!

Das Einkommen in der Landwirtschaft hat sich in den letzten Jahren drastisch verschlechtert. Und so werden halt, wie auf andern Betrieben auch, zuerst die Alten aufgebraucht und der Sohn sucht sein Glück auswärts.

Aber heute morgen ist alles ganz anders, der Nachbar kommt mit seinem Samro, denn heute werden die Kartoffeln ausgefahren und da braucht es die ganze Familie. Ein Tag, an dem wieder einmal so richtig «puured» wird.

Ich pressierte mit dem Morgenessen und wollte gerade noch den Kaffee austrinken, da fängt Bäri fürchterlich an zu bellen. Ein nobler Wagen mit einer Frau am Steuer fährt auf den Hofplatz. «Was will denn die?», fragte Susi, meine Schwiegertochter. Ich erschrak. «Muss das denn sein? Wenn jemand zu mir will, bin ich nicht hier!» «Was hast denn du wieder angestellt?» «Es ist halt dumm gelaufen, als ich letzte Woche den Raps gesät hatte, vergass ich bei der Sämaschine den Spuranzeiger aufzuklappen und deshalb habe ich an der Neuwiesenstrasse einen Gartenhag beschädigt und das ist jetzt sicher die Besitzerin!» Susi ging zur Tür und ich schaute hinter dem Vorhang hervor. Irgendwie bewunderte ich diese fremde Frau, sie ist einfach ausgestiegen und beruhigt den «bösen Hofhund» ...und Bäri? ...kaum zu glauben dieser Feigling. Sein scharfes Bellen verstummt und hat sich in ein undefinierbares Knurren und ein eher freundliches Schwanzwedeln umgewandelt.

«Kommen Sie nur herein, mein Schwiegervater ist gerade in der Küche!» Nun war die Falle zu, ein Weglaufen war nicht mehr möglich. Bis hinter den Tisch hatte ich es noch geschafft, dann blieb ich wie angewurzelt stehen. Plötzlich verspürte ich eine Wut über dieses arrogante, freche Weibsbild. Gegenangriff ist die beste Verteidigung. Ohne ein Grusswort schnauzte ich: «Für das habt ihr wieder Zeit, ihr hergelaufenen Stadtweiber, wegen diesem dämlichen Gartenhag, den ich ein wenig verschoben habe, könnt ihr in der ganzen Welt herumfahren und die Luft verpesten, habt ihr denn wirklich nichts Besseres zu tun?» Die attraktive Dame mit Hut liess sich nicht aus der Ruhe bringen, sie sagte was von «da wo ich aufgewachsen bin, wünscht man sich zuerst einmal einen guten Tag». Mit aller Mühe versuchte ich wütend zu bleiben. «Ich habe keine Zeit für solche Kleinigkeiten, ich gebe Ihnen einen guten Rat: Verlassen Sie blitzartig unseren Hof und machen Sie nicht so ein Theater wegen ein paar faulen Holzlatten!»

«Ja mein Lieber, es geht da nicht nur um zwei, drei Latten! Der ganze Gartenzaun ist verschoben und kaputt und den wirst du mir bezahlen und wenn du noch lange so fluchst, könnte man dich auch noch wegen Fahrerflucht anzeigen.»

Hat sich diese Emanze nun wirklich getraut, mich zu duzen? Nun war meine Wut wieder da. Ich packte sie am Arm und begleitete sie etwas unsanft zur Tür. «Sie verlassen nun augenblicklich unser Haus und merken Sie sich's, wir haben noch nie Schweine gehütet miteinander!» Zuerst liess sie sich alles gefallen, dann begann sie zu schreien: «Nein, nein, nicht an den Zöpfen reissen, es tut mir so weh!»

Nun war ich sprachlos, ich hatte sie doch nicht an den Haaren gerissen und von Zöpfen konnte ich weiss Gott nichts sehen. «Entschuldigung, aber ich habe Ihre Haare nicht berührt.» «Aber es tat weh wie früher, wenn du mich an den Zöpfen gerissen hast!» Nun war ich endgültig zu einer Salzsäule erstarrt. «Kennst du mich denn nicht mehr, Albi?» Sie nahm den Hut ab und schaute mir tief in die Augen. Wie ein Blitz aus heiterem Himmel traf es mich: «Elsi, die Elisabeth Schaufelberger, du bist es wirklich! Mein Schulschatz, seit der Primarschule habe ich dich nicht mehr gesehen und oft habe ich an dich gedacht, und ausgerechnet dir habe ich den Gartenhag überfahren?»

Elsi lachte. «Natürlich nicht, ich habe nichts mit deinem Missgeschick zu tun, aber wenn man so lieb empfangen wird, muss man doch das Verwirrspiel mitmachen.» Das war wieder typisch, schon immer war sie für fast alles zu haben, eine unternehmungslustige Person, mit der man Pferde stehlen konnte. «Was führt dich denn zu mir auf den Hof?» «Ich möchte dich zu einem Klassentreffen einladen!» «Mich», stotterte ich, «ich war doch noch nie dabei und so wird es vermutlich auch bleiben.» «Unser nächstes Treffen wird hier im Dorf stattfinden und du bist noch der einzige, der hier wohnt und deshalb musst du dabei sein.» Obwohl mir der Gedanke, mit Elsi etwas zu organisieren, gefiel, wehrte ich ab. Elsi schaute mir wieder tief in die Augen und schon war es wieder da, das komische Gefühl im Magen oder wie meine Enkelin jeweils sagt: Schmetterlinge im Bauch. «Bitte Albi, sag doch ja, du hast mir früher schon jeden Wunsch von den Augen abgelesen, zudem habe ich mit den anderen eine Wette abgeschlossen, dass diesmal auch du dabei bist. Komm doch mir zuliebe, ich lade dich heute zum Mittagessen ein, dann können wir alles in Ruhe besprechen!»

Wenn jetzt nur die verflixte Kartoffelernte nicht auf dem Programm stünde. «Es geht leider nicht, die Arbeit ruft, vielleicht ein anderes Mal.» Noch immer sah mich Elsi fragend an: «Bitte, wenigstens bis nach dem Mittagessen.»

Nun konnte ich nicht mehr nein sagen, soll doch «härdöpfeln» wer will, aber ohne mich. Noch schnell andere Kleider, die Schuhe und ein Zettel auf den Tisch:

«Musste dringend auf den Polizeiposten wegen dem Gartenhag, sonst werde ich wegen Fahrerflucht angeklagt. Komme im Laufe des Nachmittags zurück: Grossvater.»

Erich Feurer ist vielseitig engagiert

Erich Feurer wurde im Jahre 1949 geboren und wuchs mit zwei Schwestern und drei Brüdern auf dem elterlichen Landwirtschaftsbetrieb im Loch in Hinwil ZH auf. Es war für ihn als jungen Mann selbstverständlich, dass er auch eine landwirtschaftliche Ausbildung in Angriff nehmen wollte. So besuchte er die landwirtschaftliche Schule und machte weiter bis er Meisterlandwirt wurde. Er heiratete Ida und übernahm 1976 den Landwirtschaftsbetrieb des Schwiegervaters in Sulzbach ZH. Es handelt sich um einen 15 Hektaren grossen Ackerbau- und Milchwirtschaftsbetrieb mit vielen Hochstammobstbäumen. 2008 wurde die Milchproduktion eingestellt. Wie es weiter geht mit dem Betrieb, weiss Erich Feurer nicht, denn die Ehe blieb kinderlos und auch die drei Schwestern seiner Frau haben alle ein Heimet.

Erich Feurer. (Bild: Archiv Feurer)

Erich Feurer ist in der Öffentlichkeit engagiert. So war er Mitglied und Präsident in den Vorständen des landwirtschaftlichen Vereins, der Molkerei Uster, der Melioration Uster und der Braunviehzuchtgenossenschaft. Er ist auch Mitgründer des Marketingvereins Uster plus (www.usterplus.ch). Seit 1996 leitet er die Agentur Uster der «emmental versicherung» im Nebenamt. Er ist auch seit 2001 Mitglied im Verwaltungsrat der Raiffeisenbank Zürcher Oberland.

Das Theaterspielen liegt Erich Feurer im Blut. Schon 1972 hatte er die Leitung eines ersten Theaterstückes inne. Als bevorzugte Themen behandelt er die Landwirtschaft und das Zusammenleben von Stadt und Land. Erich Feurer ist Gründer des Zürcher Oberländer Theatervereins und von 1966 bis 1991 war er gar dessen Präsident. Er hat mit den Mitgliedern zwanzig ländliche Theater und diverse Scetches geschrieben, einstudiert und aufgeführt sowie einen «Puureball» und Theaterabende in Hinwil und Uster organisiert. Nur logisch, dass er seit 1987 auch Mitglied in der Arbeitsgruppe «ländliche Kultur» des Zürcher Bauernverbandes ist.

Beim Schreiben ist Erich Feurer das Gemeinschaftliche wichtig. Er hat Freude daran, gemeinsam etwas zu erarbeiten. So kümmert er sich im Theater auch um den Bühnenbau und die Beleuchtung. Dieser humorvollen Geschichte liegt ein Ereignis zu Grunde: Ein Bauer durfte seine grosse Liebe nicht heiraten. Im Alter von 60 Jahren waren beide verwitwet. So fand ihre Liebesgeschichte dann doch eine Fortsetzung. Erich Feurer findet: «Je komplizierter die Welt, desto interessanter ist sie». Er ärgert sich über Natel-Antennen und will deren Ausbreitung einschränken.

Regula Wloemer

Der Walchihof von Erich Feurer.
(Bild: E. Feurer)

Marianne Bänninger-Meier, Oberembrach ZH

Der alte Kirschbaum

Heulend braust der Novembersturm durchs Land. Er rauscht in den engen, winkligen Gassen, pfeift durch die Ritzen der alten Gemäuer und schlägt an Ställen und Speichern das brüchige Glas aus den maroden Fensterrahmen. Er jagt in die weiten Fluren und Baumgärten hinaus. Hier ist er in seinem Element! Er schüttelt das letzte, welke Laub von den herbstlichen Baumkronen und wirft spielerisch dürre, morsche Äste zu Boden. Weit draussen, am Rande der zertretenen, abgegrasten Weide, steht einsam der alte Kirschbaum. Mit Mühe hält er den Windstössen stand, die immer heftiger zu werden drohen. Seine brüchigen Äste knarren unter der Macht des Sturmes. «Heute», denkt der Kirschbaum, «heute schaffe ich es nicht mehr, stand zu halten.» Und an seiner Seele zieht in Bruchstücken sein ganzes Leben vorbei. Als kleiner Wildling wuchs er einst fröhlich der Sonne entgegen. Er nahm an, sein Leben würde für immer bleiben. Doch eines Tages schnitt der Bauer seine ganze Ästepracht weg und steckte neue, edle Zweige in seinen Stamm. Die herrliche Krone, die sich im Laufe der Jahreszeiten auf seinem Stamm entwickelte, liess ihn die schmerzhafte Prozedur bald vergessen. Als dann nach Jahr und Tag die ersten saftig roten Kirschen an seinen Zweigen leuchteten, fühlte er sich stolz und froh. Welch herrliche Zeit, wenn die Stare und Spatzen in seinem Laube lärmten und sich gegenseitig die besten Früchte aus den Schnäbeln pickten, wenn die sommerbraunen Dorfkinder um seinen Stamm Reigen hüpften und sich an den süssen Kirschen fast nicht satt essen konnten! Der Sommer wich dem Herbst, der Winter zog grimmig kalt ins Land, den frierenden Baum in eine weisse weiche Decke hüllend; der Frühling kam, mit ihm die Blütenpracht!
Der Kirschbaum zitterte leise mit seinen Zweigen, wenn er an jene Tage der schwellenden Knospen und des zarten Frühlingsschmuckes

Der alte Kirschbaum in seiner letzten Pracht. (Bild: Archiv Bänninger)

dachte. Wie viele wunderschöne Geheimnisse birgt er aus jenen Tagen! Er wird nie vergessen, wie der Jungbauer und die reizende Studentin aus der Stadt sich unter seinem Blütendach gegen den Willen ihrer Eltern ewige Treue schworen.

Aber einmal, in einer sternklaren Maiennacht, geschah ihm grosses Leid. Es fiel ein Reif und seine Blüten musste er alle opfern. Traurig war das kommende Jahr. Leer und öde stand er auf der Wiese, völlig verlassen. Bis ihn in einer Sturmnacht wie der heutigen der Wind besuchte und ihm seinen schönsten Ast raubte und in den schäumenden Tobelbach warf. Doch dann reihten sich Jahre an Jahre, frohe und reiche für den alternden Baum. Sonne, Schnee, Regen und Sturm lösten sich ab und liessen die grauen, glänzenden Kirschbaumäste verwittern. Heute ist er alt und schlagreif. Der Bauer lässt ihn stehen, weil viele Erinnerungen mit ihm verknüpft sind. Seinetwegen darf er noch lange den Platz auf der Weide ausfüllen. – Krach! Mächtig rasend fährt der Herbststurm in die besinnlichen Gedanken! Heute muss es also sein. Schon geborsten richtet sich der Baum nochmals auf, stöhnend, dann bricht er zusammen. Der Sturm heult weiter.

Die Morgensonne bescheint den Ort des Geschehens.

Schweigend steht später der alte Bauer vor dem gebrochenen Kirschbaum. Dann dreht er sich langsam um und schreitet sinnend durch die Felder.

«Nümme chrampfe, aber schaffe»

Marianne Bänninger liebt die Tiere ganz besonders

Marianne Bänninger-Meier lebt im Stöckli. Hof und Stöckli liegen etwa 10 km von Kloten entfernt im Zürcher Unterland. Das Anwesen umfasst 18 Hektaren Land, dazu kommen noch Wald und Reben. Marianne Bänninger hilft mit beim Obstbau, beim Äpfel-Sortieren, sie führt ein «Hoflädeli». Die Tiere liebt sie ganz besonders. Gerne hilft sie dem Junior im Stall, tränkt die Kälber und wäscht das Milchgeschirr. Sehr grosse Freude bereitet ihr der Blumen- und Gemüsegarten.

Marianne Bänninger.
(Bild: Archiv Bänninger)

Vor zwei Jahren ist ihr Ehemann gestorben. 17 Jahre lang war er schwer krank gewesen.
Der Hof mit heute ungefähr 20 Kühen ist seit fünf Generationen in der Familie und wurde im Lauf der Zeit modernisiert. Etwa 17 Hektaren sind vorwiegend Wiesland und ein kleiner Teil besteht auch aus Ackerland. Auf dem IP-Betrieb stehen ausserdem 50 Hochstammbäume (Apfel- und Birnenbäume) und ungefähr zwei Hektaren Niederstammbäume. «Alles noch ohne Feuerbrand, Gott sei Dank!», sagt die Autorin nachdrücklich.

Sie hat fünf erwachsene Kinder mit sieben Enkeln, wovon zwei auf dem Hof leben. Marianne Bänninger schreibt seit ihrer Jugendzeit. Zehn Jahre lang war sie als Gemeinderätin für das Fürsorgewesen zuständig. In dieser Zeit musste das Schreiben in den Hintergrund treten. Sie kommentiert für Zeitungen Anlässe und Gemeindeversammlungen oder schreibt persönliche Gedanken und über Ereignisse in Bäuerinnenzeitungen. Ja, jetzt wo sie alleine ist, kommt sie wieder vermehrt zum Verfassen von Texten. Sie pflegt eine gute Beziehung zur Kirche, hat auch einen Text über die Liebe und den Frühling für den Jahreszeiten-Gottesdienst verfasst, sie schreibt aber auch viele Briefe. Das Schreiben liegt in der Familie. Die Kinder haben es von den Eltern geerbt. Ihr Bruder schreibt nämlich auch. «Alles muss ein wenig stimmen», sagt sie. «Es muss einen manchmal grad überfallen». Sie schreibt über sogenannt einfache Dinge, die amüsieren oder ärgern: «Schaffen Sie sich lieber einen Löwen oder Leoparden an anstelle der Katze des Nachbarn», sagt ihr Arzt, der die sieben ihr vom Nachbarkater in die Hand gebissenen Löcher verarztet. Der Arzt bekommt später ein Kilo Äpfel. Der Kater ist jetzt zahm – solange er frisst. (Dies ein «Versucherli» aus der Schreibtruhe der Autorin).

Als ehemalige Gemeinderätin bezeugt sie Interesse an Politik. Die Wirtschaftslage im Jahr 2009 beschäftigt sie sehr. «Die Krise ist ganz schlimm». Sie sagt weiter: «Ich würde mich freuen, nach all den Jahren, die von der schweren Pflege ausgefüllt waren, wenn ich noch etwas da sein könnte. «Nümme chrampfe, aber schaffe». Sie hofft, dass sich die Landwirtschaft noch halten kann, dass die Welt noch in Ordnung bleibt und dass gesund produziert wird, dass es allen Menschen gut geht. «Brot für alle», Mission und Entwicklungshilfe, ist ihr ein Anliegen. Ihr Göttibub ist mit einer dunklen Frau aus Celan in Äthiopien verheiratet. Seit vier Jahren ist Marianne Bänninger wöchentlich als Klassenhilfe in der Schule im Einsatz. «Die Kinder erhalten einen jung!».

Nebst all dem liebt sie Musik und Literatur und pflegt Freundschaften, dies vermehrt seit ihr Mann verstorben ist. «Der alte Kirschbaum», das hat mit ihr zu tun, denn unter diesem Baum machte ihr Mann ihr einen Heiratsantrag, worauf Marianne ihre angefangene Ausbildung an den Nagel hängte und dann die Bäuerinnenschule absolvierte.

Heinz Stauffer

Marianne Bänninger hat ein grosses Herz für die Tiere.
(Bild: Archiv Bänninger)

Thea Aebi, Alchenstorf BE

Ein Regenwurm erzählt

Bei herbstlicher Milde, kühlen Nächten, steigenden Nebeln hause ich in einer Endivienpflanze. Das Klima scheint gut zu sein. Ich gedeihe bestens. Und immer mehr Freunde siedeln sich im Endivienhaus an. Wir gehen auf Nahrungssuche, steigen aus der Erde, schlängeln uns in und um die Blätter. Bis eines Tages...

Eines Tages erzittert unser Endivienhaus, es wird emporgehoben und weggetragen. Wir sitzen darin. Ungewohnte Geräusche brechen herein: Kinderstimmen, Telefongeklingel, Pfannendeckelklappern, Wasserplätschern. Ein Messer fährt dicht vor meinem Kopf herunter. Ich suche einen Fluchtweg zu meinem Geheimgang, verliere die Orientierung. Da spüre ich einen Wasserstrahl, es wird ruhig. Doch halt, plötzlich gähnt ein grosses Loch vor mir, oh weh, nein, nein, Hilfe! Eine Bewegung, eine warme, pulsierende Hand greift nach mir. Ich bin aufgeregt, entgleite; die Hand kommt wieder und legt mich zu den Blättern des Endivienhauses. Neben mir sehe ich Max, Mathilde, Bertha. Ich rieche meine Freunde, unseren Hausgeruch. Wir alle sind glücklich über unser Wiedersehen. Wir sitzen zusammen, um unsere neue Lage zu besprechen.

Da werden wir wieder emporgehoben. Ich höre Schritte eines Menschen, fühle ein leichtes Auf und Nieder. Ein starker Windstoss fährt mir über den Rücken, ich fliege durch die Luft und lande in einer feuchtwarmen, strohigen Landschaft. Auch meine Freunde sind da. Beim Erkunden unserer neuen Umgebung begegnen wir vielen Lebewesen, einer vielfältig kriechenden und krabbelnden Gesellschaft. Miteinander erstellen wir eine Organisationsstruktur: Alle erzählen wir von unseren Stärken und Schwächen. Dann erhält jedes seine Aufgabe im Komposthaufen.

Manchmal erinnere ich mich mit Wehmut an mein früheres Zuhause. Doch ich bin auch dankbar, dass ich durch die aufmerksame Menschenhand ein neues Daheim gefunden habe. Jetzt lebe ich in Frieden mit den Menschen und mit der Natur. Die Erkenntnis um das Eingebundensein in die Kreisläufe dieser Erde lässt mich als Regenwurm staunen.

«Zum Lebenselixier und höchsten Gut Wasser müssen wir vermehrt Sorge tragen»

Thea Aebi-Keller lebt auf einem vielseitigen Betrieb

Meine Liebe zum Garten und allem, was dort wächst und gedeiht, auch zu den Tieren, spiegelt sich in der Regenwurm-Geschichte. Ich verfasste sie bereits 1995. Als damals junge Mutter dreier Kinder, als Bäuerin mit Lehrlingen und als Ausbildnerin von Praktikantinnen schrieb ich von alltäglichen Ereignissen, Erlebnissen, Begegnungen und Wahrnehmungen. Ich habe schon als Kind viele Briefe geschrieben, las gerne und hatte Federica de Cesco als Lieblingsschriftstellerin. Sie vermochte mich in andere Welten zu versetzen.

Geboren bin ich 1957 und wuchs als ältestes Mädchen und Drittälteste mit acht Geschwistern auf dem elterlichen Bauernhof in Menznau LU auf. Nach der Schule habe ich die bäuerlich-hauswirtschaftliche und eine kaufmännische Ausbildung absolviert und war begeistertes Mitglied der Landjugendgruppe Geiss. Bis zu meiner Hochzeit arbeitete ich im Landjugendsekretariat der Schweizerischen Landjugendvereinigung an der Landwirtschaftlichen Beratungszentrale in Lindau ZH, heute Agridea.

Durch die Heirat mit meinem Freund und heutigen Lebenspartner Res bin ich im Frühling 1985 nach Alchenstorf gekommen. Wir haben dann einen Pachtbetrieb in der Nähe des elterlichen Hofes von Res übernommen. Nach neun Jahren haben wir den Generationenwechsel vollzogen – die Schwiegereltern sind ins Stöckli gezügelt und wir sind auf den elterlichen Hof zurückgekehrt. Dort bewirtschaften wir einen 21 Hektaren grossen Betrieb mit Viehzucht, Milchproduktion, Saatkartoffeln, Mastschweinen, Wald und Bienen. Wir bilden auch landwirtschaftliche Lehrlinge aus. Somit ist auf unserem Hof das Mitein-

Der naturverbundenen Thea Aebi ist die Reinhaltung des Wassers ein grosses Anliegen. (Bild: Archiv Aebi)

ander geprägt von jungen und älteren Menschen, die sich gemeinsam zum Wohle der Mitmenschen, der Tiere und der Natur einsetzen. Von unseren drei Kindern wird voraussichtlich unser jüngster Sohn Raphael den Hof weiterführen. Er bildet sich zum Landwirt und Landmaschinenmechaniker aus.

Mein Leben und Arbeiten als Bäuerin beglückt mich noch heute. Das vielfältige Schaffen erfüllt mich. Meine übrigen Aufgaben, wie etwa das ehrenamtliche Engagement in der Ökonomischen und Gemeinnützigen Gesellschaft des Kantons Bern, bilden einen guten Ausgleich und regen mich an, immer wieder über Lebensfragen nachzudenken und meine Sichtweisen zu hinterfragen. Die weltweiten Veränderungen und die Weiterentwicklung in allen Bereichen sind nicht zu stoppen. Doch gilt es für mich, dort Einfluss zu nehmen, wo ich lebe und arbeite, um im wahrsten Sinne des Wortes den Boden nicht unter den Füssen zu verlieren. Zum Lebenselixier und höchsten Gut Wasser müssen wir vermehrt Sorge tragen und alles daran setzen, dass es für alle Menschen zugänglich ist, zum Überleben, zum Leben und für die Lebensmittelproduktion.

Mein Motto ist: «Geniesse und nutze den Tag und mach das Beste daraus».

Thea Aebi-Keller

Frieda Geissbühler-Käser, Wyssachen BE

Herbst

Wi Chupfer u wi löötigs Guld,
so lüüchtet s'Herbschtloub jetz im Waud –
wenn d Sunne tuet mit ihrne Strahle
es Biud üs wi zum Abschiid male.

Vom Acher stygt e zarte Dunscht
u druber schwäbt es Spinnegspunnscht
vo Siuberfäde hin und här
wie wenn's e Märlizouber wär.

E Näbuschleier lyt im Tou
em Schatte noh scho chaut u grau
u drüber – warme Sunneglanz
un uf un ab e Muggetanz.

Di späte Aschter tüe sech müeije
z erföie üs mit ihrem Blüeije
hei no de erschte Ryffe stang –
der Winter chunnt – s'geit nümme lang.

Ein Bauer ist…

ein kräftig gebauter,
mit der Natur vertrauter,
morgens früh sich erhebender,
eiligst dem Kuhstall zustrebender –
mistender und melkender,

den Tag planender und voraus denkender,
im Frühjahr säender und Hackfrucht anbauender,
Bauprobleme wälzender,
zur Winterzeit holzender,
den Heuvorrat ins Auge fassender –
und darob ganz leicht erblassender,
bei Schneesturm auf dem Ofen sitzender –
bald wieder schwitzender – gelangweilt gähnender –
nach Arbeit sich sehnender –
die Buchhaltung vornehmender –
mit Zahlen sich abmühender –
und Bilanz ziehender –
den Paritätslohn nicht erreichender –
darum auf Kräuter ausweichender –
die Hirschzucht erwägender –
gut bezahlter Arbeit nachjagender –
oft frustrierter – dann wieder motivierter –
vorwärts schauender –
auf Gott vertrauender…Optimist

Ds Läbesbechli

Hesch echli Zyt – chunnsch chli zur Rueh
u duesch chli nochesinne,
losch s'Läbe wie nes Bechli fasch
lo a der düre rünne.

E Jugetzyt vou Ubermuet
chuum hei di Sorge drückt –
u doch hesch, grad wie s'Bechli
dii i ängi Gränze gschickt.

E Zyt isch cho – mit Chrieg u Not,
der Himu schwär verhange –
hesch üsem Land es Opfer brocht
bisch tapfer häregstange.

U witer geits – z dürus, z düri –
hesch mänge Umwäg gmacht –
e grosse Stei – e gäie Rank
hei ume Schlof di brocht.

E grosse Tag im Läbe isch
u d Glogge hei's verchündet –
s het i di Louf vor Syte här
es luschtigs Bechli gmündet.

Frieda Geissbühler-Käser.
(Bild: Archiv Geissbühler)

U zäme treit me Fröid und Leid
u mängi schwäri Lascht,
het mängi schöni Stung erläbt –
mängs unvergässligs Fescht.

U isch e Sturm dür's Land usgfahre,
mit Räge, Blitz und Donnerschlag –
hesch ghoffet, s'wärdi nid z'lang währe,
dass s'Bechli d Fluet no fasse mög.

So plätscherets jetz stiu dervo –
mis Bechli u mis Läbe –
es mündet zletscht is wyte Meer –
der Ewigkeit entgäge.

«Eine recht schwere Aufgabe wurde mir da gestellt, einfach so»

Frieda Geissbühler-Käser lebt auf einem abgelegenen Hof

Geboren (1924) und aufgewachsen bin ich mit acht Geschwistern als Zweitjüngste auf dem Bauernhof meiner Eltern in der Gemeinde Dürrenroth BE. Im Jahre 1955 wurde ich infolge schwerer Erkrankung meiner verheirateten Schwester Rosa hier auf die sogenannte Alp in der Gemeinde Wyssachen gerufen. Eine recht schwere Aufgabe wurde mir damit gestellt, einfach so. Drei kleine Kinder, ein fünfjähriges Zwillingspärchen und ein dreijähriger quirliger Knabe brauchten dringend einen Mutter-Ersatz. Daneben war natürlich auch mein Schwager auf Hilfe im Haus, Feld und Garten angewiesen. Nach einer schweren Leidenszeit verstarb meine Schwester und damit auch die Frau und Mutter des Hauses. So war es für mich fast eine selbstverständliche Pflicht, hier meine Aufgabe weiterzuführen. Ausgesucht habe ich mir diese wahrlich nicht. Dabei habe ich mich aber auch öfter mal an die Worte meiner Gotte anlässlich meiner Konfirmation erinnert: «Es isch ömu ou gäng wichtig, dass me em Herr nid us der Schueu (Schule) louft». Diese ernsten Worte einer weitherum geachteten Bäuerin, auf die ich recht stolz war, hatten sich mir eingeprägt.

Im Dezember 1957 heiratete ich dann meinen Schwager Paul. Es wurden uns im Laufe der Jahre noch drei weitere Kinder geschenkt. Die Jüngste, unsere Dora, ist geistig behindert und stellte an mich und die ganze Familie ganz besondere Anforderungen. Für ihre Förderung und Sonderschulung musste schon sehr viel Kraft, Geduld und vor allem viel Zeit aufgewendet werden. Unser Hof liegt etwa 3 km vom Dorf Wyssachen entfernt und damit auch weit von der Schule, der Käserei und von Einkaufsmöglichkeiten weg, ist also schon recht abgelegen. Dafür haben wir den Vorteil einer freien Sicht Richtung Jura und Aaretal und wohl auch weniger Nebeltage im Herbst. Unsere Kinder sind alle verheiratet und bis auf den jüngsten Sohn alle ausgeflogen. Der Gatte und Vater verstarb im Jahre 1998, so dass ich nun alleine den ersten Stock des Bauernhauses bewohne. Der jüngste Sohn Andreas führt mit seiner Frau Vreni zusammen seit 1995 den Betrieb weiter. Drei Knaben sind im Laufe der Jahre dazugekommen. So konnte ich als Grossmutter auch immer wieder schöne Stunden erleben. Zuerst durch Besuche von zwölf auswärtigen Grosskindern und dann vermehrt durch das unternehmungslustige Trio ganz in meiner Nähe.

Eine meiner Freizeitbeschäftigungen ist und war schon immer das Stricken. Nebst Socken für gross und klein auch Pullover und Westen. Zwischendurch sind auch allerlei Spieltiere gefragt. So zum Beispiel auch exotische, wie Schlangen, Papageien und Affen. Da kann gleichzeitig auch Restenwolle abgebaut werden. Es fehlt mir auch nicht an ideenreichen Gehilfen in meinem Garten und im selbstgebauten Gartenhaus. Langeweile kann da fast nicht aufkommen. Eine Genugtuung bedeutet es für mich immer wieder, wenn ich meine Enkel für die vielen Wunder der Natur begeistern kann. Vögel, Schmetterlinge, Käfer und was da alles so fliegt, flattert und krabbelt, bietet viel Anschauungsunterricht. So war auch der selbstgebaute Nistkasten meines Enkels David zu meinem letzten Geburtstag ein besonders geschätztes Geschenk.

Unser Betrieb umfasst rund 20 Hektaren, davon fast ein Viertel Weideland. Bedingt durch die Hanglage und den Wald, der das Land umschliesst, ist in dieser Höhe zwischen 850 bis 900 Meter über dem Meeresspiegel die Vegetationszeit klar kürzer als im Durchschnitt in unserer Gemeinde. Dafür haben wir für unsere Jungviehaufzucht eine eigene «Alpsömmerung». Wir betrieben von daher immer vorwiegend Milchwirtschaft. Daneben wurde auch Getreide, heute Korn und Gerste, angebaut. Der Kartoffel- und Rübenanbau, der zu meiner Zeit nicht wegzudenken war, wurde fast ganz aufgegeben. Zu unserem Hof gehören auch ungefähr 20 Hektaren Wald. Dieser ist teilweise schwer nutzbar. Dass unsere Wohnungen mit Holz beheizt werden, ist da ganz logisch. Die Holzerei ist und war schon immer eine zwar willkommene, aber recht schwere und oft auch gefährliche Arbeit. Der Wald bedeutete mir aber immer sehr viel und hat auch so etwas wie einen ideellen Wert.

Wenn ich die mächtigen Erntemaschinen der heutigen Zeit über Äcker und Felder fahren sehe, scheint es mir fast schon unmöglich, da überhaupt einen Vergleich zu ziehen zu einem Erntetag vor dreissig oder gar fünfzig Jahren. Wenn ich versuche, alle die erforderlichen Arbeitsgänge auf einem erntereifen Kornfeld, vom Mähen bis zum Einbringen unter das Dach des Hauses aufzuzählen, so komme ich leicht schon auf deren sieben. Fast höre ich noch das Rumpeln der acht Pferdehufen auf der ansteigenden Einfahrt zur Bühne des Bauernhauses. Und hier müssen natürlich die Garben wieder einzeln abgeladen und gleich wieder zu einem Stock aufgeschichtet werden. Diese grossen Haufen, getrennt nach Sorte – Korn, Weizen, Roggen, Gerste und Hafer – sind nun glücklich unter Dach, warten aber nach einer Gährungsphase

Der Hof «Alp» mit seiner wunderbaren
Aussicht, wo Frieda Geissbühler-Käser
ihr Leben verbrachte.
(Bild: Archiv Geissbühler)

meist bis im Spätherbst auf den eigentlichen Zweck der ganzen Mühe und Arbeit. Um aus Korn und Kernen schliesslich das Mehl zum Backen des täglichen Brotes zu gewinnen, müssen die Getreidegarben erst wieder einzeln vom gut drei Meter hohen Stock herunter geworfen, von den Garbenschnüren befreit und dann der Dreschmaschine übergeben werden. Zu dieser Drescharbeit waren immer auch mindestens vier Personen erforderlich. Natürlich wurden dazu auch grössere Schulkinder eingesetzt. Bedenkenswert ist auch heute noch die Tatsache, dass während des zweiten Weltkrieges von 1939 bis 1945 und darüber hinaus kein ausländisches Getreide eingeführt werden konnte. Während wir hier in der Schweiz noch relativ gut über diese Zeit hinweg kamen, mussten im benachbarten Ausland neben all dem Kriegselend viele bitteren Hunger leiden.

Die Freude an Gedichten ist bei mir schon während der Schulzeit erwacht. Spätestens in der Oberstufe blieb manches schöne Gedicht in mir haften. So lernte ich in den langen Herbstferien freiwillig das lange «Lied von der Glocke» von Friedrich Schiller auswendig. Auch das fast unheimliche von Ludwig Uhland «Des Sängers Fluch» hat mich sehr beeindruckt. Später habe ich doch mehr an Dialekt-Gedichten Gefallen gefunden. So ist auch bei mir das eine oder andere, oft mühsam zusammengereimte, Gedicht entstanden. Es ergab sich dann auch, dass etwa zu einer Klassenzusammenkunft von mir ein Rückblick in Gedichtform gewünscht wurde. Das meiste aber bleibt bei mir; es sind ja meine Gedanken. Eine wichtige Rolle spielten in meinem Leben auch immer gute Bücher. Von Rudolf von Tavel über Simon Gfeller bis zu neueren Autoren. Vergangenes und Erlebtes lese ich immer wieder gerne. Kurz gesagt: Menschen allgemein und ihre Schicksale interessieren mich.

Frieda Geissbühler-Käser

Elisabeth Berweger, Stein AR

Herbst

Es ist kalt.
Nebel schleichen durch Niederungen und Seelen
und ich räume meinen Garten ab.
Unkraut und Blumen, verdorrte Zweige
28 Jahre meines Lebens,
alles in einen alten Korb.
Es ist Herbst geworden,
der nächste Frühling
wird mich hier nicht mehr finden.
(kurz vor Betriebsaufgabe 2005)

Loslassen

Jetzt gehst du dann, mein Kind,
zum ersten Mal alleine fort,
ich seh's dir an der Nase an:
Du freust dich schon auf jenen andern Ort.

Dein Herz ist voller Tatendrang,
denn Wunder warten – höchstwahrscheinlich.
Die Zeit bis dann – sie wird dir lang
und meine Wehmut ist dir peinlich.

Du willst nicht weit, du bleibst nicht lang
Du bist noch nicht einmal gegangen –
Doch schmerzlich wird mir heut bewusst:
Dein Fortgehn hat schon angefangen.

Das Märchen (oder heisst es «Schneewittchen»?)

Ich fühle mich heute wie eine Prinzessin!
Genauer gesagt: Wie Prinzessin Schneewittchen.

Ich habe heute für sieben gekocht und das Tischlein gedeckt,
dann habe ich sieben Tellerchen abgewaschen,
sieben Becherchen, Löffelchen, Gäbelchen und Messerchen.
Ich habe sieben Bettchen gemacht und sieben Zimmerchen aufge-
räumt.
Ich habe sieben Maschinen Wäsche an die Sonne gehängt
und sieben Paar Schuhe geputzt.
Ich habe sieben Paar vergammelte Socken zusammengelesen
und sieben Mal das Lavabo im Badezimmer geputzt.

Der einzige Unterschied zum Märchen:
Die Hochzeit fand am ANFANG der Geschichte statt!

«Als wir einen Stall für 500 Legehennen ausbauten, verbrachte ich viele Stunden beim Putzen und Sortieren der Eier»

Elisabeth Berweger-Waldner aus dem Appenzellerland

An einem kalten Sonntagmorgen im November 1955 wurde ich mit einer Glückshaube über dem Gesicht geboren. Meine Eltern freuten sich sehr, mein Vater, weil er sich zu seinem Sohn so sehr eine Tochter gewünscht hatte, meine Mutter aus demselben Grund und weil ihr mein Vater bei der Geburt einer Tochter eine Waschmaschine versprochen hatte. Zusammen mit meinem fünf Jahre älteren Bruder und meiner vier Jahre jüngeren Schwester wuchs ich in Heiden im Appenzeller Vorderland auf, wo meine Eltern ein Malergeschäft führten.

Elisabeth Berweger.
(Bild: Archiv Berweger)

In diesem schönen Kurort über dem Bodensee besuchte ich auch die Primar- und Sekundarschule.

Sobald ich vierzehn Jahre alt geworden war, meldete ich mich zum Landdienst. Ich kam zu einer Familie im 61-Seelendorf Clavaleyres, einer Berner Enklave oberhalb des Murtensees. Der Hof mit Ackerbau und Viehzucht wurde von einer Witwe und ihrem Sohn bewirtschaftet, tatkräftig unterstützt von ihren andern erwachsenen Kindern und Schwiegerkindern, die dafür ihre Freizeit einsetzten. Blasen an Händen und Füssen, Insektenstiche an allen erdenklichen Orten und eine bleischwere Müdigkeit am Abend waren das Resultat der für mich ungewohnten körperlichen Arbeit. Aber die fröhliche Athmosphäre, das Spüren des Zusammenhalts der ganzen Familie, die Tapferkeit, der Fleiss und die Güte der Bäuerin machten das alles wett.

Während meiner vierjährigen Ausbildung zur Schriftsetzerin beschloss ich, einen Landdienst im Appenzellerland zu leisten. Wieder hatte ich Glück, ich wurde von einer gastfreundlichen Familie aufgenommen, die in Stein einen Milchwirtschaftsbetrieb in Betriebsgemeinschaft mit einem Kollegen führte. Besagter Kollege wurde mein Schatz und 1976 heirateten wir. So wurde ich also Bäuerin auf der Liegenschaft «Sonder» in Stein, zwar ohne jegliche fachliche Ausbildung, dafür mit viel Zuversicht. 1977 wurde uns Sohn Ueli geschenkt, es folgten 1979 Peter, 1980 Samuel und 1986 Benjamin. Meine ersten Jahre als Bauersfrau waren hart, musste ich mich doch erst an den bäuerlichen Rhythmus gewöhnen und vieles lernen. In unserer Gemeinschaft war ich der «Innenminister», zuständig für den Haushalt und die Kinder. Zu unserm Haushalt gehörte meist auch ein Lehrling oder ein Angestellter und, nachdem ihm die Frau gestorben war, ein Nachbar, der für uns wie ein «Grossvater» war. In

Beim Ausmisten im Landdienst im Jahre 1970. (Bild: Archiv Berweger)

Stosszeiten war meine Hilfe auch auf dem Betrieb nötig und als wir einen Stall für 500 Legehennen ausbauten, verbrachte ich viele Stunden beim Putzen und Sortieren der Eier. Bei dieser dankbaren Arbeit konnte ich meinen Gedanken freien Lauf lassen und so manche Liedstrophe entstand in meinem Kopf, während im Hintergrund die Hühner gackerten.

Schon während meiner Sekundarschulzeit hatte ich begonnen, Gedichte zu schreiben. Dazu angespornt und ermutigt wurde ich durch meinen damaligen Deutschlehrer. Während meiner vielen Ämtli-Jahre, als bäuerliche Gemeinderätin und als Mitarbeiterin und Präsidentin unserer Dorfzeitung musste ich Geschriebenes in verschiedenster Form zu Papier bringen, doch die Form des Gedichtes blieb stets diejenige, die mir am besten lag. Als einige meiner Liedtexte vertont und gesungen wurden, bedeutete das für mich eine grosse Freude. Das Schreiben half mir aber vor allem auch, meine Sorgen schriftlich zu verdauen. Wenn mich während unserer Familienjahre etwas bedrückte, als ich mich für immer von meinen Eltern verabschieden musste, als keiner unserer Söhne den Beruf des Landwirts ergriff, als uns gesundheitliche Probleme zwangen, den Betrieb zu verkaufen und zu verlassen, um uns beruflich völlig neu zu orientieren, gelang es mir meist, meine Traurigkeit nicht aus dem Mund, sondern durch Finger und Bleistift aufs Papier fliessen zu lassen.

Auch wenn mich manchmal das «Heimweh» packt, habe ich mich nun gut an die neue Situation gewöhnt und sehe auch ganz klar ihre schönen Seiten. In die Probleme, welchen sich die bäuerliche Bevölkerung stellen muss, erhalte ich aber weiterhin Einblick durch das Engagement meines Mannes und durch meine Arbeit für den Bioring Appenzellerland und für eine Grastrocknungsanlage.

Elisabeth Berweger-Waldner

Winter und Weihnachtszeit

Bild: Katharina Häberli

Lydia Flachsmann-Baumgartner,
Ossingen bei Andelfingen ZH

Jahresende – aus den Jugenderinnerungen einer Weinländer Bäuerin

Damals vor fünfzig Jahren gab es bei uns über den Jahreswechsel noch einige Bräuche. Am 30. Dezember gingen wir beizeiten zu Bett, denn niemand wollte den «Sylvester-Muti» sein. Sylvester-Muti war derjenige, der von der Familie zuletzt aus dem Bett aufstand. Während des ganzen Tages wurde die- oder derjenige gehänselt und es war kein Ruhm, diesen anrüchigen Titel ein Jahr lang zu tragen. Gerade für mich, als eigentlicher Nachtmensch, war es nicht leicht, mich an Sylvester ganz früh aus dem warmen Bett zu wälzen, besonders dann, wenn noch Eisblumen die Sicht aus dem Fenster verhinderten. Schön waren sie, diese besonderen Blumen – jede ganz individuell gestaltet, ein Kunststück. Wo findet man diese heute noch mit all den gut geheizten Zimmern? Ganz leise musste man aufstehen, um zu verhindern, dass ein Geschwister vor einem unten in der Stube war!
Natürlich wurden an Sylvester dicke Berner Zöpfe gebacken. War das ein Duft. Zum Kühlen vor dem Backen wurden sie im langen Gang auf Bleche gelegt und die Türen hinten und vorne geöffnet. Ein Kind musste mit Besen Wache halten, damit sich die Katzen, manchmal sogar zweibeinige, an den Wunderwerken nicht gütlich taten.

Auf das abendliche Sylvestermenu freuten wir uns schon lange. Feine Schweinsbratwürste mit viel Zwiebelsauce. Beim Nachtessen wurde das Radio angestellt und andächtig hörten wir den Sylvesterklängen der Kirchenglocken in der Ferne zu. Dazwischen fiel mal ein Seufzer vom Müeti: «Wieder ein Jahr älter und die Kinder wachsen einem davon!»

Neujahr – das doppelte Fest

Das Neujahrsmenu war ähnlich wie das Sichleteessen. Zuerst Siedfleischsuppe mit feinen Brotstreifen, dann Schafsvoressen mit Safransauce (das Fleisch hat trotz feinem Safran oft immer noch «böckelet») und Züpfe, dann Dörrbohnen mit Hamme und Speck und schmackhafte Kartoffeln. Gegessen wurde in der grossen Bauernstube mit weissem Tischtuch. War das ein Geschwätz und ein Geschmatze. Mit der Zeit wurde die Stimmung bei den Erwachsenen immer lauter. Unter uns waren stets Gäste. Vater erzählte Witze – zu jedem Stichwort wusste er einen passenden zu erzählen und Mutter ärgerte sich, da sie seine Witze alle bereits auswendig kannte, oder wenn diese nicht ganz kinderfreundlich waren. Dies machte nichts aus, wir begriffen den Witz sowieso nicht und lachten einfach mit. Natürlich wurden wir Geschwister auch bei dieser Gelegenheit aufgefordert, dass wir singen sollten. Wir liebten das nicht allzu sehr, doch Vater legte seine Hände übereinander und war beim Anblick der «Horde» Kinder stolz, denn wir waren «sein Kapital», wie er zu betonen wusste!

Mit Ungeduld trugen wir das Dessert auf – in Anbetracht der vielen feinen Sachen. Während des Jahres waren die Mahlzeiten bescheiden, genug und gesund. Aber am Jahresende wurde so richtig geschlemmt. Galt es wohl damals noch einigen Speck als Vorrat auf die Rippen zu kriegen für den folgenden kalten Winter?

Selber gemachte Merängge, zwar etwas zu braun geraten im Holzofen, mit dicker eigener Nidle und die letzten gut versteckten Weihnachtsgüetzi. Der erste Januar war ein Fest im doppelten Sinne: Ich wurde in einer kalten Neujahrsnacht im Berner Bauernhaus in der hinteren Stube auf die Welt gebracht. Deshalb stand immer auch eine schöne Geburtstagtorte auf der Neujahrstafel, fein wie vom besten Beck, liebevoll vom Mueti gebacken und dekoriert! Eigentlich liebte ich es nicht, an diesem Tag Geburtstag zu feiern. Oft hiess es, das Weihnachtsgeschenk sei für Weihnachten und Geburtstag.

Nach all dem Essen schickte uns Mutter nach draussen zum Schlitteln oder Schneehütte bauen. Mit «Stoglen», das heisst angeklebtem Schnee an den schwarzen Holzböden, kamen wir ins Haus, um uns auf dem Kachelofen wieder aufzuwärmen.

Bärzelistag

Schön, es wurde an diesem Tag noch nicht gearbeitet. Die Männer versammelten sich in der Dorfbeiz, um einen angeblichen Kaninchenbraten zu essen. Doch wohin war eine unserer Katzen letzte Nacht verschwunden? Es wurde im Dorf «gemunkelt», es würden in der Beiz Katzen statt «Chüngel» aufgetischt. Auf jeden Fall seien in einer Blumenvase Katzenschwänze auf den Tisch gestellt worden! Dieser Gedanke war für mich unerträglich, wie konnte man nur so etwas Grässliches tun und darüber noch sein «Gaudi» haben?
Wie vermisste ich den dicken Röti, war sie doch unsere Lieblingskatze. Unser Karrer behauptete stets, er habe die Katzen nicht gefangen – ob dies stimmte, das konnte ich nicht mit «ja» beantworten.

«Die kleinen Kälber auf unserem Munimastbetrieb zu tränken, bereitete mir grosse Freude»

Lydia Flachsmann-Baumgartner ist im Büro sowie auf dem Bauernbetrieb zuhause

Als ehemalige Sekretärin war der Einstieg in die Landwirtschaft mit viel Handarbeit nicht immer leicht. Doch ich lebte mich schnell ein. Auch die wochenlange Obsternte oder im eigenen Garten zu arbeiten, bereitete mir grosse Freude. Der milden Lage ist es zu verdanken, dass hier Kiwis, Mandeln, Pfirsiche, Aprikosen und verschiedenes Obst sehr gut gedeihen. Wir betreiben in der unter Heimatschutz stehenden alten Scheune einen Hofladen.

Ich wuchs als zehntes von zwölf Kindern im Kanton Bern in einem «Gotthelfhaus» in einer Täuferfamilie auf. Am Neujahrstag 1947 wurde ich geboren. Wir wurden streng erzogen und mussten schon früh auf dem Hof mithelfen. Unsere Mutter war eine grossartige, tüchtige Frau und der Vater ein fortschrittlicher Bauer und politisch engagiert. Eigentlich hätte ich Lehrerin oder Pfarrerin werden wollen, doch das durfte ich nicht, und so absolvierte ich eine kaufmännische Lehre. Mein Horizont erweiterte sich, als ich ein Jahr für einen Schweizer Professor in den USA arbeitete. Reisen, andere Kulturen und Menschen kennen- und schätzen zu lernen wurde mir sehr wichtig. Ende 1971 heiratete ich den Zürcher Landwirt Hans und zog an

Lydia Flachsmann-Baumgartner. (Bild: Archiv Flachsmann)

den Fuss eines Rebberges in das sonnige Thurtal mitten in eine Obstplantage. Mein Mann hatte den Hof von seinem Vater übernommen und seine Schwester ausbezahlt. Der Anfang meiner Ehe war nicht einfach. Im gleichen Haushalt mit der zwei Generationen älteren Schwiegermutter und meinem Mann als ihrem einzigen Sohn, den sie mit mir «teilen» musste, war eine Lebensschule.

Innerhalb von sieben Jahren wurden uns vier Töchter geschenkt. Da auch mein Mann in jungen Jahren während der Ausbildung im Ausland tätig war, ist es nicht verwunderlich, dass eine Tochter in Adelaide verheiratet ist und die Jüngste in Holland und Belgien lebt. Weiter arbeitete eine Tochter lange in London, die andere ist Krankenschwester. Das Grosskind Laura hüten wir hin und wieder. Da unsere Töchter überall verstreut auf der Welt leben, haben wir unsere Obstanlage und unser Land an einen Neffen im Nachbardorf verpachtet. Viele Bäuerinnen und Bauern müssen heute einer Nebenbeschäftigung nachgehen. Es bleibt keine Zeit mehr zur Garten- und Blumenpflege, zum Backen von Brot. Wertvolles Kulturgut geht so verloren.

Ich schrieb immer gerne. Schreiben bedeutet für mich Befreiung von Alltagsballast, Freude, Bewahrung von Kulturgut, viele interessante Begegnungen mit Menschen in verschiedenen Situationen. Nachdem ich einige Jahre teilzeitlich in der Exportbranche arbeitete, schreibe ich heute als freie Mitarbeiterin für Zeitungen. Die weite Welt hole ich mir durch unser «Bed and Breakfast» (Übernachtung mit Frühstück) ins Haus. So übernachten Gäste aus aller Welt bei uns. Meistens schreibe ich am späten Abend, wenn es ruhig und dunkel ist, denn ich bin ein Nachtmensch.

«An Gottes Segen ist alles gelegen», sagt das Sprichwort, und dem kann ich nur dankbar zustimmen.

Lydia Flachsmann-Baumgartner

Elisabeth Zurbrügg, Dotzigen BE

In den Tagen des Boskop-Baums

Es war die düstere Zeit der Wintersonnenwende. Der Nebeltage waren viele. Die Sonnentage selten. So heizte die Bäuerin den Ofen ein. Dort, auf dem alten Hof. Nicht zu fleissig und doch in steter Regelmässigkeit. Denn es war wohl kalt, aber doch herrschte noch nicht klirrender Frost. In ihrem Holzschuppen gelangte sie, genau in dieser Zeit, zum aufgestapelten gut gelagerten und getrockneten Holz des einst mächtigen Boskop-Baums. Dieser Riese stand jahrzehntelang im Baumgarten, der zum Gehöft gehörte. Seine Früchte waren von einer säuerlichen Süsse, die alle Apfelspeisen zu exzellenten Gaumenfreuden werden liess. Er war der Apfelbaum schlechthin.

Doch die Jahrzehnte, ja wohl fast ein Jahrhundert, brauchten die baumerhaltenden Kräfte auf. Er kümmerte dahin und die Menschen, in deren Garten er stand, kummerten um ihn. Trotz fachmännischem Schnitt des Bauern und trotz einem milden und selten frostfreien Frühling trieb er dann nicht mehr aus. Und so kam es, dass er, der strengen Frühlingsarbeiten wegen, das ganze Jahr über als nacktes Gerippe laublos in der Wiese stehen blieb. Das Bauernpaar fand, dass das gut sei. Abschiedsschmerz und Trauer durften auch einem abgestorbenen Baum entgegengebracht werden. Darum dieses selbstverständliche Stehenlassen. Zuweilen in der Hochsommerzeit, wenn Mann und Frau nach der Tageshitze und Arbeit Körper und Geist in der dunklen Wiese auskühlten, sprachen sie auch mit ihm. Und über ihn. Und über alle Dinge, die sie bewegten. Und es war da viel Dankbarkeit, Lebensreife und auch Wehmut. So vieles hatten die beiden im langen Laufe des Lebens erarbeitet und erreicht. Solche Gedanken liessen Freude und Genugtuung zurück. Doch auch ernsthafte und berechtigte Sorgen wiegte das Paar zuweilen in seinem Herzen. Denn immer mehr wurde ihnen bewusst, wie sehr die Zeit davoneilte und wie hastig sie sich einen neuen Mantel überstreifte, der für die einfachen Menschengefühle keinen Platz und keine Berechtigung mehr freizulassen gewillt war. Ein zielorientierter Neuanfang von einer einfachen Existenz zu einem vom Staat geforderten unternehmerischen landwirtschaftlichen Betrieb waren Vorgaben, die das zunehmend ins Alter gekommene Paar nicht mehr zu leisten vermochte. Solcherlei ernsthafte Fragen erfüllten oft ihr Denken. Und doch fielen sie nicht der Hoffnungslosigkeit und Schwermut anheim. Sie lebten im Jetzt. Ganz bewusst und mit aller Kraft.

So barg denn die Wiese das wissende Geheimnis vom Abschied. Sie waren «in die Jahre» gekommen. Mensch und Baum. Er war den letzten Weg schon gegangen. Sie erfreuten sich noch am Sternenhimmel, am Morgen- und am Abendrot und am wechselnden Mond. Sie lebten in ihren Arbeitsrhythmen und die Arbeit lebte in ihnen. Sie waren der Natur zutiefst zugetan und die Natur verwöhnte sie mit zum Niederknien berührenden Augenblicken. Als die Strenge des anschliessenden Winters vorbei war, begann der Bauer die Wurzeln des toten Baumes auszugraben. Er tat dies ohne Hektik, aber in einem steten, sorgfältigen Tun. Oft gesellte sich in diesen Stunden das Grosskind dazu. Möglich, dass Aussenstehenden diese Arbeit gering und unwesentlich vorkam. Doch der alte Bauer und seine Enkelin wussten es besser. Sie hatten beide berührbare Herzen und erkannten die Wichtigkeit der alltäglichen Dinge, in denen nichts Geringes war. Solcherlei Erlebnisse fallen dann tief in den Seelengrund des Menschen. Und das Vergessen deckt seinen feingesponnenen Mantel in sanfter Gebärde darüber. Was dort ruht, in dieser Seelenfriedenstille, wird zum Humus für späteres gesundes Gedeihen. Hier liegen die geheimen Gärten der menschlichen Existenz, aus denen sich in Zeiten der Not und der Drangsal immer wieder Kräfte zum Durchtragen wachrufen lassen. Dieses Wissen erfüllte Grossvater und Enkelin, auch wenn sie dies nicht in Worte zu fassen vermochten.

Als dann das knorrige tote Holz, nach dem haltlosen Sichfallenlassen, zersägt und in handliche Stücke zerhackt war und nach dem Hineintragen aufgestapelt im luftigen trockenen Schuppen lange Zeit ruhte, ging der alte Bauer hin und kaufte zwei junge Bäumchen. Zwei an der Zahl. Denn in dieser Zeit waren es zwei Enkelinnen geworden, die sein älterwerdendes Herz mit friedvoller Freude erfüllten. So kam es, dass in diesem Teil des Obstgartens, in neuer Lage und an neuem Standort, zwei Apfelbäumchen in ihrer Unschuld und Jugendlichkeit sich mit Erde und Himmel vereinten. Ein junger Freund des Bauern und Freund der Bäumchen behielt sie in seiner fachwissenden Obhut. In den nachfolgenden Jahren sägte und schnitt er weg, was an Zweigen zuviel wachsen wollte. Seine Schule war streng und doch so unendlich wichtig. Nur mit der Hilfe von seinem scharf gestählten Werkzeug und mit dem von Hand Ausbrechen von Knospen war es möglich, den Bäumchen eine fruchttragende Krone «anzuerziehen». So hatte also das ins Alter gekommene Paar zwei Apfelbäumchen, die sich eines frohen Wachstums erfreuten. Es mag fast gleichnishaft anmuten, dass genau in dieser Zeit auch das gelagerte Holz des alten, vorangegangenen Baumes nach und nach in Körben in die Wohnküche getragen wurde. Zum Verbrennen.

Zuweilen fiel ein extrem knorriges wind- und wettererprobtes grobes Stück in den Schlund. Und dann begannen sich die Flammen in dieses Stück hineinzufressen. Und dieses geriet in Vollbrand. Ein loderndes Feuer konnte entstehen und minutenlang sang dann der gute Ofen sein blubberndes Lied, weil er sich an der ansteigenden Hitze erfreute. Oft erschien es der Bäuerin auch, die Flammen des Feuers erzählten noch in diesen Stunden der guten wohltuenden Wärme von der gemeinsam erlebten Zeit im Baumgarten. War es nicht dieser Baum gewesen, zu dem vor Jahren der neu ins Haus gezogene hochbetagte Schwiegervater seine ersten Schritte lenkte? In den Abendstunden, in denen eine eigenartige Unruhe sich seiner zu bemächtigen begann? Unter dem Baum kniend, suchten seine verwelkten riesigen Hände im schon taufeuchten Gras nach Fallobst. Und es war nichts da als eine zunehmende Dunkelheit und über ihm die samtschwarzen Schatten der ausschwärmenden Fledermäuse. Er rutschte mit mühsamen Gebärden herum. Kam zuletzt nur dank des starken Stammes wieder auf die Beine und schlurfte niedergeschlagen ins hell erleuchtete Haus. Sehkraft und Verstand begannen ihn allmählich zu verlassen. Und dennoch wurden die letzten Jahre bei seinem Sohn, auf dem Hof, noch zu einem glücklicherweise schmerzfreien Durch-das-Alter-Gehen.

Hielt nicht dieser Baum sein Blätterdach feil, als sich die zahlreiche Verwandtschaft zu einem Sich-Wiedersehn versammelte? Hitzegeplagt angereist, liessen sie es sich gut sein in der Wiese. Im Schattenwurf der mächtigen Krone fand sich immer wieder ein feines Lüftchen zum Spielen ein und erquickte so auch die darunter lagernde Gesellschaft. Junge Paare schmiegten sich eng aneinander. Kinder planschten in herbeigetragenen und mit Wasser gefüllten Zubern. Bequeme Stühle luden zum Sitzen und Verweilen ein und das Leben in all seiner Fülle und Wohltat schenkte allen Ruhe, Gelassenheit und Frieden. Strampelte nicht zuweilen das herzliebe erste Enkelkind auf grasweicher wollgedeckter Unterlage unter diesem Baum? Gut geschützt vor den brennenden Sonnenstrahlen konnte es sich schon früh am wechselnden Licht- und Schattenspiel von diesem Baum erfreuen. Oft flogen Vögelchen herbei und sangen aus voller Brust ihre Daseinsfreude dem staunenden Kindchen zu. Und immer waren ja die vertrauten Geräusche da, wenn die Grossmutter die Pflanzung hackte und jätete oder der Grossvater weit vom Kind entfernt Wiesengras mit der Sense mähte. Er mochte keinen Lärm verursachen, um das ihnen anvertraute Menschenkindchen nicht zu erschrecken. Eingefangen und unvergesslich festgehalten in den Jahrringen des Baumes entwickelte sich hier die übernächste Menschengeneration.

Und so kamen dann die Weihnachtstage, so wie sie es jedes Jahr zur selben Zeit taten. Immer noch gelangte aus dem Holzstapel heraus Boskop-Baumholz in die grosse alte Küche im Bauernhaus. Und bei jedem Berühren dieser bemoosten Holzstücke wurde die Frau froh in ihrem Herzen. So oft sie ein solches Scheit in die züngelnde gierige Ofenglut warf, gedachte sie des treuen Freundes, der einst in ihrem Obstgarten gestanden hatte. In solchen intimen Stunden zwischen spätem Nachmittag und früh einbrechender Nacht kamen zuweilen Freundinnen zu Besuch. Sie brachten die Frische der Jugend – alle waren sie jünger als die Gastgeberin – und kleine, von Herzen geschenkte Gaben. Gefüllte Datteln zum Beispiel. Lebkuchen für den Bauern, weil er diesen sehr mochte. Und eine Auswahl von hauseigengebackenen Weihnachtsguezli. Und sie brachten ihre Zeit. Derlei war kostbar und köstlich.

Es ging Weihnachten zu. Und es bedurfte keiner unnötigen Heucheleien. Die Herzen dieser Menschen waren reif für das Wunder, das da immer wieder neu geschehen durfte. Gute Gespräche waren hier möglich. Und das Einander-von-Herzen-gut-Sein segnete alle, die in diesem Haus ein- und ausgingen. Am Weihnachtsabend dann war eigenartigerweise die Holzkiste fast leer. Die Bäuerin machte sich daran, sie nebenbei, zum Kochen der Köstlichkeiten für den erwarteten Weihnachtsbesuch, aufzufüllen. In ihrer ruhigen, schlichten Art trug sie Brennholz ins Haus. Der Bauer arbeitete zu dieser Zeit noch in den Ställen. Auch seine Tiere sollten Weihnachten spüren. Mit viel sauberem Stroh und duftendem Heu in der Krippe.

Abrupt blieb die Bäuerin plötzlich stehen. Draussen vor dem Haus. Sie lauschte. In ungläubiger Verzückung. Aus den Ställen war ein Singen zu hören. Hell und klar und aus voller Kehle. Sie stand und lauschte und fühlte nicht die nebelfeuchte Kälte der einbrechenden Nacht. Es war ihr Mann, der da sang. Und der alte Kuhstall liess jeden Ton in Vollendung klingen, als ob er ein Konzertsaal wäre. Was für ein Glück, dass dieser arbeitsame Mensch sich so in Liedtext und Melodie offenbaren durfte. Mit der seligen Leidenschaft des Nicht-ahnen-Könnens, dass seine Frau seinem Singen in Andacht lauschte. Und die weise Bäuerin verschwand geschwind im dampfenden Küchenraum, noch ehe ihr Mann zur Stalltüre hinaustrat. Unbeschreiblich, unsagbar glücklich. Er hatte ihr, ohne dass er es wusste, ein Weihnachtsgeschenk gemacht. Sein Herzensgeschenk! Er hatte nach sorgenvollen, stillen Wochen und Monaten erstmals wieder gesungen.

«Ich habe schon immer gerne geschrieben»

Elisabeth Zurbrügg ist eine beliebte Autorin

«Bis zuletzt, als wir Kühe hatten, kamen während des Melkens Mädchen und Buben zu uns in den Stall. Wenn Vater den Melkstuhl umgeschnallt hatte, der Milchkessel griffbereit am Boden stand und er mit dem Anrüsten begann, dann war das ihre Zeit. Wie manches Kind hat wohl in dieser fast heiligen Abendstunde ganz nahe neben Vater an der Kuhflanke angelehnt gestanden und hat von der Seele weg erzählt. Einfach erzählt. Vater hatte das linke Ohr ganz nahe beim Kindergesicht und lehnte mit der anderen Kopfhälfte an der Kuh an», erinnert sich Eli-

Elisabeth Zurbrügg bei der Kartoffelernte. (L. Lepperhoff)

sabeth Zurbrügg und fügt an: «Unsere Kühe waren spezielle gehörnte Damen, wir hatten stets drei, bis es nicht mehr möglich war.» Zurbrüggs Haus steht an der Lyss-Strasse. Ihr Land liegt nicht um das Haus herum. Das verunmöglichte wegen den heutigen Tierschutzvorschriften die Kuhhaltung. Doch der Stall ist immer noch belebt. Heute quietschen Schweine im einstigen Kuhstall. Zurbrüggs betreiben eine kleine Schweinezucht und Ackerbau. Sie bauen Kartoffeln, Getreide, Mais, Raps, Eiweisserbsen und Zuckerrüben an.

Und des Nachts und insbesondere während der Brachzeit, im Winter, schreibt die 1945 geborene Elisabeth Zurbrügg. Sie schreibt vom bäuerlichen Leben. Oft ist Biografisches in ihren Geschichten enthalten. Elisabeth Zurbrügg fängt Zwischenmenschliches auf, das sonst unausgesprochen bleibt, schreibt über schöne, nachdenkliche und traurige Ereignisse, so wie das Leben eben ist. Doch nicht immer konnte sie unbeschwert Texte verfassen. Sie erlebte als Verdingkind eine harte Jugendzeit. Schreiben wurde ihr von ihren Pflegeeltern nicht erlaubt. Sie sei zum Arbeiten da, wurde sie angeherrscht. Darum schrieb sie heimlich, unter anderem Namen, Texte für die Lokalzeitung. «Wenn du schreiben willst, so sollst du das, aber unter unserem eigenen Namen», sagte ihr dann ihr Ehemann Peter. Er wuchs als Bauernsohn

Das Haus, wo Elisabeth Zurbrügg aufwuchs und noch heute lebt.
(Bild: L. Lepperhoff)

Heute betreiben Zurbrüggs eine kleine Schweinezucht.
(Bild: L. Lepperhoff)

auf. Sein Bruder führte den elterlichen Betrieb weiter, so dass er mit
der Heirat in das Gut, wo Elisabeth aufwuchs, wechselte. Seit 40 Jahren sind sie nun verheiratet. Der Platz war beschränkt im bescheidenen
Haus, denn drei Söhne und eine Tochter wurden nach und nach geboren. Das Zusammenleben mit den Pflegeltern war oft schwierig. Wenn
es nicht mehr ging, flüchtete Elisabeth Zurbrügg in den Stall zu den
Kühen, wo sie ihre Ruhe fand. Auch Peter Zurbrüggs Vater lebte später
sieben Jahre mit der Familie im Haus. Die Platznot war gross, doch es
ging. Peter arbeitete im Stall und auf den Feldern, unterstützt von seiner Frau. Im Winter ging er mit einer Akkordgruppe im Wald holzen.

Heute ist es still geworden in Zurbrüggs Haus, und Platz haben sie jetzt genug. Die Kinder sind längst ausgeflogen, doch Grosskinder beleben das elterliche Heimet. Neue Aspekte für die vielseitige Bäuerin und Autorin, der auch der Garten sehr wichtig ist. Ob eines der Kinder den Hof übernehmen wird? Ein Sohn ist Bauer und bewirtschaftet den Betrieb seiner Lebenspartnerin. Vielleicht wird er einst Zurbrüggs Land bebauen. Doch den Betrieb wird er so nicht mehr weiterführen. Zurbrüggs sehen es positiv. Sie können es gelassener nehmen, müssen nicht mehr alles instand halten und unbedingt neue Märkte erschliessen. Es ist schwierig geworden mit einem kleinen Hof zu überleben, die Bestimmungen der Kunden sowie des Bundes zu erfüllen. Sie werden, wenn Peter 65 Jahre alt geworden ist, den Betrieb aufgeben.

Elisabeth Zurbrügg publizierte 1988 ihr erstes Buch im Eigenverlag. 1991 erschien dann «Chlynikeite» im Blaukreuz-Verlag Bern. Seither wurde fast jährlich ein berndeutsches Bändchen publiziert. Elisabeth Zurbrügg hat einen festen Leserkreis. Sie ist eine begabte Erzählerin, die den Kontakt mit Menschen insbesondere auch an zahlreichen Lesungen schätzt. Und sie ist immer noch auf dem Kartoffelerntegerät anzutreffen, wo sie im Herbst mit Peter und den Kindern Kartoffeln mit klingenden Namen wie Lady Felicia, Charlotte, Agria oder Victoria erntet auf Feldern, umrundet von mit Waldreben überwachsenen Auenwäldern.

Lars Lepperhoff

Uorschlina Etter-Clavadetscher,
Strada GR

Das Weihnachtssternchen

Immer wenn ich das schöne Messingsternchen aus der Schachtel mit den Weihnachtsdekorationen nehme, gehen meine Gedanken zurück in die Vergangenheit. Zum kleinen Mädchen mit den blonden Zöpfen, das warm eingepackt auf dem Weg nach Hause, nach der Weihnachtspredigt, auf der Bänne sitzt.

Die Geschichte des kleinen Weihnachtssternchens hat jedoch schon früher angefangen, nämlich im Sommer 1958. Wir waren in Martina beim Heuen und unsere Wiese grenzte an eine Wiese, die zwei älteren Frauen gehörte. In meinen Augen waren die zwei Frauen eigenartig. In San Niclà, einem kleiner Weiler, wo ich geboren und aufgewachsen bin, hatte ich noch nie solche Frauen gesehen. Schwarz gekleidet, ein Kopftuch eng um den Kopf gebunden am Heuen. Mein Vater mähte mit der Sense, und ich hätte zetten müssen. Statt zu arbeiten konnte ich den Blick nicht von diesen zwei Frauen lassen, die Mahd für Mahd mit der Sense mähten. Auf einmal hat sich eine von ihnen umgedreht, mich angeschaut und mit böser Stimme zu mir gesagt: «Mach vorwärts und zette das Heu, und hör auf, uns so neugierig bei der Arbeit zuzuschauen, schliesslich fängst du im Herbst die Schule an!» Erschreckt bin ich in unsere Wiese zurück gerannt und habe angefangen zu arbeiten, in mir hörte ich immer noch die böse Stimme, und auch das düstere Gesicht konnte ich nicht so schnell vergessen.

Bald kam der 1. Oktober, mein erster Schultag. Die Schule gefiel mir sehr gut und wenige Wochen später fingen wir an, mit unserem alten Herr Lehrer Raschêr die Weihnachtslieder zu lernen. Das Singen machte mir besonders viel Freude. Ein Lied, das ich aus dieser Zeit immer in Erinnerung habe, heisst: Sast dombrar tü las stailinas chi sun vi al firmamaint (weisst du, wieviel Sternlein stehen, dort am Himmelszelt).

Die Adventszeit ging schnell um und der 24. Dezember, der Tag, an dem Weihnachten in der Kirche gefeiert wird, war da. Für mich, da ich ja jetzt zur Schule ging, hat es bedeutet, dass ich zusammen mit meinen Schulkameraden und Schulkameradinnen in der Kirche singen durfte. Voller Spannung und Freude hatte ich die Weihnachtsfeier in der Kirche erwartet. Bis anhin war ich nämlich nur in Strada in der Kirche gewesen. Dieses Jahr würde die Feier jedoch in Martina stattfinden.

Am Weihnachtsabend spannte mein Vater das Pferd mit der Bänne ein, legte ein mit Stroh prall gefülltes Heutuch hinein und wir Kinder von San Niclà durften dann darauf sitzen, um nach Martina zur Weihnachtspredigt zu fahren. Zu acht sassen wir eng beieinander, warm mit Mützen, Schals und Jacken eingepackt auf dem Heutuch. In Martina angekommen, mussten wir unser Pferd, Perla, in einem Stall unterbringen. Natürlich wusste ich nicht wo. Mein Vater hat dann vor einem Haus angehalten und hat die Perla ausgespannt. Genau in dem Moment hat sich die Haustüre geöffnet. Und wer kam mit der Petroleumlampe heraus? Genau die Frau, die ich vom letzten Sommer in Erinnerung hatte. Sie nahm mit sicherer Hand das Zaumzeug und führte unsere Perla in ihren Stall.

Wir Kinder sind dann zusammen mit meinem Vater zur Kirche hinauf gelaufen. Für mich war es ein unvergessliches Erlebnis, den grossen, prächtig geschmückten und mit funkelnden Kerzen bestückten Weihnachtsbaum in der Kirche zu sehen. Trotz allem waren meine Gedanken bei unserer Perla, die im Stall bei dieser sonderbaren Frau war. Nachdem wir die Weihnachtslieder gesungen hatten, war ich erleichtert, als die Predigt vorbei war. So konnten wir unsere Perla abholen und nach Hause fahren. Als wir wieder vor dem Haus standen, öffnete sich langsam die Haustüre und die Frau mit der Petroleumlampe kam heraus. Mit der Lampe leuchtete sie, damit mein Vater etwas sehen konnte, um das Pferd anzuschirren. Auf einmal hat sie mich zu sich gerufen: «Uorschlina, komm her, ich habe etwas für dich.» Sie nahm meine kleine Hand und legte einen wunderschönen kleinen Messingstern hinein. Ganz überrascht habe ich sie angeschaut. Und da sagte sie mit tränenden Augen: «Dieses Sternchen habe ich bekommen, als ich so alt war wie du jetzt und dir soll es Glück bringen». Auf der Heimfahrt fing es leicht zu schneien an und ich habe das Sternchen ganz fest in meinen Händchen gehalten.

Viele Jahre sind seitdem vergangen, und nie habe ich die Trauer in den Augen der Frau vergessen. Jedes Jahr, wenn ich das Sternchen auspacke, um unseren Christbaum zu schmücken, sehe ich wieder die alte, schwarzgekleidete Frau mit der Petroleumlampe und den Tränen in den Augen vor mir und ihre Worte kommen mir wieder in den Sinn. Wenn ich dann, am Weihnachtsabend, im Kreis der Familie den geschmückten Baum anschaue und das Sternchen sehe, dann weiss ich, dass es mir sehr viel Glück gebracht hat.

«Die Ferne hat mich nie gelockt»

Wiesen und Bergwiesen prägen Uorschlina Etter-Clavadetschers Hof

Ich bin im Jahre 1951 geboren worden und in San Niclà, einer kleinen Fraktion der Gemeinde Tschlin, auf unserem Bauernhof aufgewachsen. Die Landwirtschaft hat mich schon als Mädchen sehr geprägt. Für mich stand darum immer fest, dass ich Bäuerin werden würde. Nach der Schulzeit habe ich auf dem elterlichen Hof gearbeitet. Da ich Einzelkind war, habe ich mir immer eine grosse Familie gewünscht. Mit 24 Jahren habe ich Jürg Etter geheiratet. Gemeinsam haben wir den Hof von meinen Eltern übernommen. Schon ein Jahr darauf wurde unsere älteste Tochter, Anna Mengia, geboren. Im Jahr 1977 dann unsere zweite Tochter Antonetta und im Jahr 1979 unser Sohn Martin. Die beiden Nachzüglerinnen, Cristina und Cilgia, wurden 1986 und 1989 geboren. Mein Traum von einer grossen Familie ging so in Erfüllung. Wir freuten uns sehr über unsere Kinder. Mittlerweile sind unsere Töchter und unser Sohn erwachsen, und einige haben schon ihre eigenen Familien gegründet. So sind in der Zwischenzeit schon acht Enkelkinder da.

Unser Hof ist sehr vielfältig. Wir bewirtschaften 24 Hektaren Land, wobei das meiste davon Wiesen und Bergwiesen sind. Nebenbei bestellen wir ein paar Äcker mit Gerste und Kartoffeln. Auch haben wir einen grossen Garten, wo allerhand Gemüse, Früchte und Blumen wachsen. Angefangen haben wir mit Viehwirtschaft. Einige Jahre später kamen noch Schafe und Bienen hinzu. Im Jahr 1992 haben wir ein kleines Café eröffnet. Zudem vermieten wir auch drei Zimmer. Gleichzeitig wurde die Direktvermarktung für unseren Betrieb immer wichtiger. Mittlerweile verkaufen wir die verschiedensten Produkte, wie zum Beispiel Alpkäse, Fleisch und Würste, Honig, Konfi und Sirup.

Uorschlina Etter beim Verarbeiten ihrer Früchte (Bild: S. England)

Das Dorf San Niclà, tief verschneit. (Bild: Anna Mengia C. Santos)

Auf Wunsch führen wir kleinere Anlässe und Apéros durch. Dies ist nur möglich, weil die ganze Familie zusammenhält und jeder so mithilft, wie er kann.

Ich habe immer gerne das Erlebte aufgeschrieben, so entstand auch die Weihnachtsgeschichte. Erfüllung in meinem Leben habe ich durch das schöne Verhältnis zu meinen Eltern, durch das Zusammenleben mit meinem Mann und meiner Familie, durch die Arbeit als Bäuerin und durch das Leben in meinem Heimatdorf bekommen. Die Ferne hat mich nie gelockt. Am glücklichsten bin ich zu Hause, wo ich Verwandte und Bekannte gerne empfange.

Uorschlina Etter-Clavadetscher

Lydia Hadorn, Forst-Längenbühl BE

Em Micheli si Wienachte

Eso het me ne gfunde am Wienachtsmorge, tot. Erfrore isch er unger dr grosse Schärmtanne bim Waud obe gläge. Wär isch es gsy? Es isch dr Micheli vom Heim unne gsy. Was het ne derzue bewoge? Micheli isch scho mängs Jahr im Heim, sider denn, dass ihm d Frou gstorbe isch. Er het sech nie eso rächt chönne a das Heim gwane u derzue wäre doch e Huuffe anderi Manne o dert gsy. U de siner Ching, wo sy de die gsy? Äbe eso geits im Läbe. D Ching sy furt, hei säuber e grossi Familie, ohni dass si no e aute Drätti hei chönne zue sech näh.

Item, es isch Heiligabe gsy. Im Heim het me Wienachte gfiiret. D Schuelching sy cho singe, hei ihrer Värsli ufgseit u Päckli verteilt. Am Micheli isch es ganz schwär um ds Härz worde. Die Zyt, wo sini Familie no binenand isch gsy, isch ihm wider i Sinn cho. Oh, wie schön isch es doch gsy. U Träne sy nem über d Backe ache grünelet. Er isch ganz still worde u het afa sinniere. Ja, es isch ihm düre Chopf gange, wien er hie chönnt use gah u so isch es ihm im ene unbeobachtete Ougeblick glunge, zur Tür use z düüssele. Gmerkt hets vorlöifig niemer. Er het si Zöttelichappe töif über d Ohre zoge, d Händ het er i d Hoseseck verstouet u so isch er i di chauti Nacht usezöttelet. D Finke hei im chaute Schnee grugget. So isch er zum Waud ueche däselet. Er isch müed worde u het sech bi der grosse Tanne niederglah. Es isch nid lang gange, isch er ygschlafe. Dr Mond het zwüsche de Escht düreglüüsslet u nid chönne begriiffe, was das söu. Jetz het üse Micheli e schöne Troum gha. Er het Wienachte gfiiret mit sir Frou u de Ching. Schön isch es gsy i dere Stube mit de Cherzli am Boum. Ganz dütlech het er's gseh, wie si gflackeret hei. Drby sy das d Stärndli gsy, wo gschune hei. Im Ofe hei d Öpfu gsprätzlet u e herrleche Duft usglöst. Aber das isch dr Duft vo dr Tanne gsy. Eso isch es äbe gsy u das isch Michelis schönschti Wienachte worde. Er isch drby für geng ygschlafe.

«Ich habe Freude an schönen Kühen und an der Viehzucht»

Lydia Hadorn liebt die Menschen, die Natur und die Tiere

Ich bin am 30. August 1919 geboren. Seit der Heirat mit dem «Riedli-Buur» Adolf Hadorn im Jahre 1942 bin ich auf dem Betrieb tätig und half bei allen Arbeiten tatkräftig und gerne mit.

Es ist vorwiegend ein Milchwirtschaftsbetrieb mit ganz wenig Ackerbau. Ich habe Freude an schönen Kühen und an der Viehzucht. Jetzt hat die jüngste Tochter Susanne mit dem Ehemann Patrick den Betrieb übernommen. Trotz viel Arbeit auf Feld und Hof und der Fürsorge für die drei Töchter, welchen ich als gelernte Damenschneiderin sämtliche Kleider – und dazu drei Trachten – nähte, war ich stets sehr

Lydia Hadorn hilft noch immer tatkräftig mit, hier beim Rüsten von Kartoffeln. (Bild: Archiv Hadorn)

Lydia Hadorn vor dem reich mit Blumen geschmückten Haus. Im Schreiben werden Erinnerungen an den Sommer geweckt.(Bild: Archiv Hadorn)

zufrieden. Ich liebe die Menschen hier, die Natur, die Tiere, die Blumen!

In den letzten 30 Jahren begann ich kleine Geschichten zu schreiben. Ganz spontan hatte ich Ideen und schrieb sie meistens nachts gerade auf, wenn ich nicht schlafen konnte. Meine bevorzugten Themen sind die Natur und spezielle Menschen. Auch habe ich viele lustige Schnitzelbänke und Geschichtchen für den Samariterverein geschrieben, wo ich 25 Jahre lang mitwirkte, davon zehn Jahre als Samariterlehrerin. Samariterin zu sein war eine grosse Leidenschaft und Abwechslung für mich!

Einmal in der Adventszeit schrieb ich die Geschichte. Denn ein alter Mann lag am frühen Morgen in Schnee und Kälte hinter unserem Wald. Er war aus dem Spital weggelaufen, wollte nicht mehr länger dort bleiben. Das Riedli liegt an einem wunderschönen, abgelegenen Plätzchen. Ich bin stets zufrieden und optimistisch. Zufriedenheit und Optimismus ist auch mein Wunsch für die Menschheit.

Lydia Hadorn

Tochter Susanne Chevalley:
«Prägend für mich ist, dass unsere Mutter stets zufrieden und optimistisch war, trotz der vielen Aufgaben in Familie und Betrieb, und es gab auch manchmal Wolken am Himmel, doch hat sie immer alles bewundernswert gemeistert. Blumen und Garten haben einen ganz wichtigen Platz in ihrem Leben. Bis jetzt! Mit Liebe und sehr gerne hilft sie mir täglich in der Küche mit, beim Rüsten, Kochen, Konfimachen etc. Sie ist immer noch eine Frühaufsteherin, war es immer schon, und beginnt jeden Tag zuversichtlich.»

Frieda Grob, Schlattingen TG

Stille Nacht, heilige Nacht

Mein Schulweg war im Sommer ein herrlicher Wanderweg. Im Winter zum Skifahren faszinierend und lehrreich. (Natürlich damals ohne Skilift). Von der hinteren Laad hinauf zur Heid (1000 m), mit Blick zum Säntis und den Churfirsten; und hinunter zur Schule Steintal. Wegzeit dreiviertel bis eine Stunde je nach Witterung und Laune.

Meine Jugendjahre wurden geprägt durch schneereiche und darum strenge Winter.

Es war Dezember 1944. Am Vormittag half ich meiner Mutter beim Viehfüttern. Vater war im Militärdienst. Es war Kriegszeit. Angestellte, die Vaters Arbeit erledigt hätten, gab es nicht.

Am Nachmittag durfte ich in die Schule. Als neunjährige Bauerntochter freute ich mich sehr darauf. Es war der letzte Schultag vor den Weihnachtsferien.

Erwartungsvoll betrat ich das Schulzimmer, stellte meine nassen Schuhe zu den anderen auf den Roost vor den warmen Ofen. Herr Lehrer legte Scheiter nach und im oberen Ofenrohr sah ich Äpfel. Das gibt eventuell Bratäpfel zur Pause, spekulierte ich. «Weil morgen Christabend ist, dürft ihr vom Lehrerpult für jede Bank eine Kerze holen und in die auf den Schultischen verteilten Tannenzweige stecken», orientierte unser Lehrer.

Es gab einen kurzen Unterricht für Erst- bis Viertklässler. Im Ofen brodelten die Äpfel. Es duftete herrlich in der Schulstube. In der Pause verteilte Herr Lehrer die wunderbaren Bratäpfel an alle Schüler. Beim anschliessenden Vorlesen der Weihnachtsgeschichte war es mäuschenstill. Glücklich leuchteten die Kinderaugen im Kerzenschein und hörten ihrem Lehrer andächtig zu.

16.00 Uhr: Schulschluss. Herr Lehrer orientierte noch über Schulbeginn im neuen Jahr und «gsegneti Wienachte allsits».

Die Steintaler Schulkinder nahmen ihren Rückweg in Angriff. Wir Laader hatten den mühsameren Schulweg. Da die Dunkelheit um diese Zeit schnell hereinbricht, begaben wir uns sofort zum Aufstieg zur vorderen und dann zur hinteren Laad. Es lag viel Schnee. Von meinen Schulkameraden verabschiedet, nahm ich die letzten zwanzig Minuten allein in Angriff. Auf dieser Wegstrecke fuhr nie ein Pfad-Schlitten. Ich schnallte darum meine Skier an und probierte, mich durch den Schnee auf die Heid zu bahnen. Ich sank mit den Skiern im frisch gefallenen Neuschnee tief ein, kam nur mühsam etwas vorwärts. Gewiss war es bald 17.00 Uhr, es dunkelte schon recht. Ich redete mir ein, die Skier abzuziehen; vielleicht komme ich dann besser bergwärts. War aber keine gute Idee. Zu all dem begann es wieder zu schneien. Unter der etwa einen Meter tiefen Schneedecke floss neben dem Weg ein Wassergraben. Tapfer probierte ich, die richtige Spur zu finden. Auf einmal sank ich mit dem rechten Schuh tief in den Schnee. Ich spürte, dass um meinen Schuh kaltes Wasser floss. Mit allen Kräften probierte ich, mich aus meiner misslichen Lage zu befreien. Vergebens! Ich sank seitwärts so tief hinunter, wie fest gemauert, denn die untere Schneeschicht war steinhart gefroren. Oh je, allein konnte ich mich aus dieser schlimmen Lage nicht befreien. Ich versuchte, um Hilfe zu rufen, immer wieder. Das Weinen stand mir zuvorderst, aber das nützte mir nichts. Nach langer, langer Zeit, für mich fast eine Ewigkeit: Herr Wichser, ein Bauer, der sich in meiner Rufnähe auf dem Rückweg vom Rinderfüttern durch den Schnee kämpfte, hörte meine Angstrufe. Ich war überglücklich, als in der Dunkelheit eine Gestalt auf mich zukam. Mit einem Ski schlug er neben meinem eingesunkenen Bein ein zweites Loch durch den harten Schnee und erlöste mich aus meiner Notlage. Ich schnallte beide Skier an. Weil inzwischen ein starkes Schneegestöber eingesetzt hatte, begleitete mich mein Retter auf die Heid. Ich bedankte mich sehr. Mir wurde inzwischen klar: Ohne meinen Befreier hätte ich erfrieren können in dunkler Winternacht. Beim Hinunterfahren zur hinteren Laad hörte ich Mutters von grosser Besorgnis erfülltes Rufen.

Ich rief, so laut ich konnte, fröhlich zurück. Ein unbeschreibliches Glücksgefühl durchrieselte meinen Körper, meine Seele. Ich flog sichtlich durch den Schnee mit meinen Skiern. Morgen ist Weihnachten; es war so wunderbar, als Mutter mich vor der Haustüre umarmte, während ich ihr mein Missgeschick erzählte. Sie sagte: «Ich hatte solche Angst um dich und bin so glücklich, dass du jetzt da bist», und meinte weiter: «Es ist für mich, wie wenn dich das Christkind gerettet hätte.»

En bsundere Samichlaus-Obig

D Jugendzyt han i im schöne Toggenburg verbracht. Mini Eltere hend es grosses Berg-Heimet bewirtschaftet. D Gmeinsgrenze vo St. Gallekappel und Wattwil hend de Hof teilt. St. Gallekappel isch üsi politisch Gmeind gsie. Schuel und Chirche, Wattwil. Brüch u Sitte hend mier vo beide Gmeinde erlebt. So isch es en alti Tradition gsie, dass am 6. Dezember de Samichlaus, Schmutzli, Esel mit grosser Begleitig vo Schnelle-Manne und Geisselchlöpfer vom Ricke und vo Walde her ihres Wegs zoge sind. Sie hend uf allne Wieler und Ghöft d Chinde bsuecht. Da isch jedes Johr e grosses Erlebnis worde für d Familie. Üseri Mueter het uf da Ereignis ane wunderbar gueti Birewegge us em Chachelofe zauberet. Denn am Obig vom 6. Dezember het sie amigs e paar Liter Kaffi kochet. Fertig gmacht mit Zucker und eme rechte Gutsch Milch. Sie het ihre Kaffi i wiessi Emailhäfe is warm Oferohr gstellt, als Stärkig für die bald itreffende Chläus.
Eimol isch de Chlausobig aber für mi es speziells Ereignis worde. I bi do öppe sechs Johr alt gsie. Die ganz Familie isch i de warme Stube uf em Kanapee oder am Tisch gsässe. Mer Chind hend immer wieder d Fenschter ufgmacht und gloset, öb das Geisselchlöpfe und s'Schelle nöcher chömi? Wenns ine Hus ie sind, isch es amed öppe zeh Minute ganz still gsie. D Mueter het kümmeret: «Machit au d Fenschter zue, es wird jo chalt i de Stube.»

Esel von Frieda Grob auf dem Bodenacker. (Bild: F. Grob)

Uf eimol isch en gwaltige Lärme gsie vor em Hus. Öpper het lut a d Huustüre gchlopfet. De Vatter isch use gange, denn sind schweri Schritt d Stege uf cho und scho sind's i de Stube gstande. En himmlische Samichlaus mit eme Bischofs-Stab. De schwarz Schmutzli mit eme Sack und de Ruete. «Guete Obig mitenand». «Guete Obig, Samichlaus», hend mier brav im Chor gseit. De Samichlaus het d Eltere gfroget, öb d Chind allewil folgit. Jo, jo, so im grosse u ganze scho, isch d Antwort gsie. Nochdem mier üsi Sprüchli ufgseit hend, het de Schmutzli de Sack usglärt uf de Stubebode abe. Tüends schö verteile, mier chönnt denn s'nöchscht Johr wieder go luege. I lo no e Ruete do für alli Fäll. De Vatter und d Mueter hend de Chlaus und Schmutzli use begleitet; jedes en Kaffihafe und Gläser i de Hand. Mier grösseri Chind hine noch. De Samichlaus und de Schmutzli sind, wos zum Hus use laufit, mit grossem Hallo empfange worde. D Schnelle-Manne und Geisselchlöpfer hend es Ständli geh. Nacher isch Kaffipause cho. D Mueter isch grüehmt worde, au für de Birewegge.

Für mi, als jungs Meitli, isch öppis vom Interessanteschte gsie, as de Esel au Kaffi trinkt. Drum hani d Esel au gnäuer under d Lupe gno. «Do stimmt eifach öppis nöd», han i zo mim zwee Johr ältere Brüeder Hans gseit. «Lueg emol, sogar no hine dra muess de Vatter em Esel Kaffi gä.» Misstrauisch bini echli nöcher zu dem Esel ane. Drom han i gar nid gmerkt, dass de Vatter mit de Chlausmanne öppis abmacht. Uf eimol het sich de Esel ufbäumt, het tue wie verockt und isch schnurstracks uf mi los cho. Do het mie aber alle Muet verloh, i has mit de Angscht ztue übercho. Bi ab wie en Hase bim Chuestall vorbie. «Friedeli, so wart doch, chasch denn s Eseli streichele». S Ganze isch für mie uheimlich worde. Blitzartig han i umeglueget, ja wa söll i au mache? Do, d Leitere döruf und bi in Heustock ie chroche. Do obe find mi niemert. No lang hend s im Tenn une gruefe: «Friedeli, so chum doch abe, chasch denn s Eseli streichele.» Da het nüd gnützt, i bi eifach no tüfer in Heustock ie.

Erscht noch langer Ziet, won i em Vater sini ernschti Stimm ghört ha: «So, jetzt chuntsch aber abe; d Chläus sind scho lang furt und du gosch am Beschte sofort i s Bett», bin i wieder d Heustockleitere abe gstige, ha aständig «guet Nacht» gseit. I bi gottefroh gsie, dass mi niemert agsproche het uf die Eselsgschicht.

I bi mit eim Ruck vom Chli-Chind echli älter worde. Woni nämli voller Angscht zrugg glueget ha, öb mi de Esel immer no verfolgt, han i ganz gnau gseh, dass de Esel Wadebinde und Schueh agha het. I bi jetzt ganz sicher gsie, dass ebe zwee Manne drunter gsie sind.

Es isch mier uf eimol ganz klar worde, da gross Gheimnis darf i mine Gschwüschteti uf kein Fall verrote.

Vo dem Johr a han i au em Esel de Kaffi möge gunne.

«Wenn ich nochmals jung wäre, ich würde wieder Bäuerin werden»

Frieda Grob lebte auf einem vielseitigen Hof

Da ich 1935 geboren wurde, verbrachte ich eine vom 2. Weltkrieg begleitete, arbeitsintensive aber glückliche Jugendzeit. Die schöne Zeit in meinem Traumberuf als Bäuerin begann für mich durch die Heirat mit einem Bauernsohn ohne Hof. Anfang März 1958 konnte das grosse Bergheimet auf über 900 m im Toggenburg gekauft werden. Ein guter Brot-Backofen war mir bei der Hof-Suche sehr wichtig. Das tägliche Brot... Es wurden fünf gesunde Kinder geboren, die heute alle selber verheiratet sind und prächtige Familien haben. Ich habe 16 Enkelkinder. Während 27 Jahren meiner Zeit als Bäuerin bildete ich bäuerliche Haushaltlehrtöchter aus und war auch Lehrtochter- und Bäuerinnen-Prüfungsexpertin.

In unserm Betrieb betrieben wir von 1958 bis 1984 Milchwirtschaft, mästeten Schweine und hielten Hühner. Auch dem Ackerbau mit Kartoffeln und Zuckerrüben widmeten wir uns. Getreide und wenig Gemüse bauten wir auch an. Zudem haben wir noch 30 Aren Reben und Wald. Seit 2009 ist aus unserem Hof ein grosser Gemüsebetrieb ohne Tierhaltung geworden.

1984 gaben wir den Hof an den ältesten Sohn Hansjörg in Pacht. Hühner, Schweine und Reben wurden weiterhin von uns Eltern bewirtschaftet. Einige Jahre später überschrieben wir das ganze Heimet an den Sohn Hansjörg und seine Ehefrau Magdalena. Wir betreuten noch einige Jahre den Hühnerstall auf eigene Rechnung. Jetzt, 2009, sind bereits drei gut ausgebildete Grosskinder in den «Startlöchern». So Gott will, wird es auch weitergehen, und dies ist nun das Leben der jungen Generation. Mein Ehegatte und ich hatten zusammen mit un-

Frieda Grob mit ihrem Mann Johann in der Thurgauischen Festtracht an der goldenen Hochzeit im Jahre 2007. (Bild: Archiv Grob)

serer Familie ein wunderbares Leben. Gearbeitet haben wir aber schon sehr viel. Aber es lag von A bis Z ein Segen auf unserem Hof. Es gab ständig so viele beglückende Momente. Wir hatten stets grossen Respekt vor Mensch und Tier. Wenn ich nochmals jung wäre, ich würde wieder Bäuerin werden, auch in der heutigen Zeit.

Der Bauernstand, vor allem der Familienbetrieb, sollte auch in Zukunft weiterbestehen können. Im Familienbetrieb ist es am besten möglich, die Kinder in einem gesunden Mass zur Arbeit zu erziehen. So werden sie im Einklang mit der Schöpfung eine herrliche, gesunde Jugendzeit erleben. Die Kinder sind das grösste Vermögen und unsere Zukunft. Die Familie bedeutet mir sehr viel. Ich bin der festen Überzeugung, eine gute Jugendzeit und Erziehung mit gesundem Men-

Unten links das Elternhaus, die hintere Laad, von Frieda Grob.
(Bild: F. Grob)

schenverstand sind das A und O für eine auf dem Boden bleibende funktionierende Gesellschaft.

Ich hatte immer schon geschrieben. Aufsatz war in der Schule mein Lieblingsfach. 1959 habe ich auf Anfrage einen Beitrag für das Jubiläumsbuch «20 Jahre Hanni Pestalozzi, Hofberg-Wil» geschrieben. 1991 hat der schweizerische Landfrauenverband zum Geburtstag der Heimat ein Buch herausgegeben. «Menschen vom Lande - Landfrauen schreiben». Mein Beitrag hatte den Titel «Gedanken im Rebberg». 1997 gab ich das Buch «Aus dem Leben einer Bäuerin» heraus. Es gab viele Lesungen, und der Verkauf lief sehr gut. Im Mai 2000 wurde mein Schreib-Traum jäh unterbrochen. Mein Ehegatte verunglückte schwer. Er fiel vom Lastwagenanhänger auf den Bsetzi-Boden. Er erlitt einen schlimmen Schädelbruch mit leider bleibender Hirnverletzung. Ich habe mir vorgenommen, meinen Mann zu betreuen, so lange es irgendwie geht. Wir hatten ja die schöne, reiche Zeit miteinander auch gehabt.

Weihnachts-Gschichtli schrieb ich aus einem ganz besonderen Grund. Ich präsidierte viele Jahre die Trachtengruppe Diessenhofen. Es war so der Brauch, dass an dem alljährlich stattfindenden Adventsabend die Präsidentin ein «Gschichtli» vorlas. Es war immer schwierig, etwas Passendes zu finden. So kam es, dass ich mit der Zeit selbst etwas schrieb. Seit wir Grosseltern sind, kommt noch hinzu, dass ich jedes Jahr am Stefanstag die Grosskinder zur Grosskinder-Weihnacht einlade. Vor der Bescherung wird gesungen und das Grosi liest ein «Gschichtli» vor.

Frieda Grob

Jaqueline Affolter-Schöni, Wynigen BE

Guten Abend, Christkind

Eine leuchtende, mit Kerzenduft umschwingte Athmosphäre ist im Raum. Schon bald kommt das Christkind. Es soll, wie jedes Jahr, alle Herzen erfreuen. Unsere vier Kinder sitzen am Tisch in der warmen Küche. Das Essen steht auf dem Tisch. Konrad, der älteste Dreikäsehoch, greift nach seiner Gabel und geniesst den ersten Bissen. Zum Kauen kommt er nicht richtig. Zwar ist das Essen, das an diesem Heiligen Abend auf seinem Teller liegt, besonders lecker, aber der Junge wirkt in Gedanken versunken und bedächtig.

Jetzt kommt sie sicher wieder, diese Frage, auf das Mutterherz zu. Ich versuche meine Nerven, die dünn und angespannt wie Silberfäden sind, zu bewahren. Ja nichts Falsches sagen, wenn die Frage sich wieder in mich hineinbohrt, denn dieser Junge ist mir zu schlau.
Er sammelt seine Wörter. Mit leicht angstvoller, aber doch mit Zauber behauchter Stimme, fliegt die mächtige Frage auf mich zu: «Und wann kommt's? Es muss heute noch kommen, du hast es uns versprochen!» Man weiss nie, wie der Empfänger eines Versprechens dieses im Herzen herum trägt.
Vier Kinder geniessen trotz der Aufregung und der Spannung das Festessen. Koni mit seinen zwei Wirbeln auf dem Hinterkopf, wo die Haare etwas aufstehen, lässt sich auf keinen Fall mehr abhalten von seiner Sicherheit, dass das Christkind mit dem weissen Kleid und den zarten Flügeln heute Abend bei uns einkehrt, wie wir es ihm versprochen haben. Ich bin gefordert. Das weiche und warme Mutterherz hat jetzt die enorme, grosse Aufgabe, dem Kind in aller Zärtlichkeit keine verletzende Antwort zu geben.
Es ist selbstverständlich, dass das Wesen mit seinem treuen Herz und den weissen Flügeln einfach plötzlich am Fenster fein mit den Finger-

spitzen klopft und verkündet: «Die Bescherung für die Kinder ist da, aber ich muss gleich weiter, denn alle Kinder auf dieser Welt erwarten mich noch heute. Aber niemand kann es sehen! Nein, wo wir auch sind auf dieser Erde, die himmlische Gestalt wird sich nie richtig zeigen.»

Die Luft ist plötzlich irgendwie seltsam, als würde doch ein Wesen mit Flügeln im Haus sein. Im Hausgang, wo normalerweise die Gäste sich melden, sind Geräusche zu hören. Vati erhebt sich, geht mal raus und bemerkt eigentlich nichts.

Die Kinder sitzen am Tisch, denn es kann ja sein, dass Vati mit dem Christkind in die Küche kommt, und da sollen doch alle schön brav am Tisch sitzen. Mir wird auch komisch. Auch ich stehe auf und verfolge die Spur. Kein Kind schaut mir nach. Hinter der Stubentür packe ich die Sekunde der Freiheit und lege behutsam die Geschenke unter den Baum! Puh – das war knapp! In aller Ruhe schreite ich Vati hinterher in die Küche, klinke die Falle der Stubentür leise ein und erkläre ganz locker, aber mit sicherer Stimme:

«Es ist komisch, niemand war da. Es muss was im Stall gewesen sein. An Weihnachten ist es immer etwas merkwürdig im Stall. Es ist, als würden die Tiere miteinander, wie damals, auf das Jesuskind warten.»

In diesem Moment steht Koni auf und springt blitzschnell in die Stube!

Unter dem Türrahmen, der den Zauber enthüllt, wendet er sich uns zu. Sein Strahlen im Gesicht ist stärker als ein Scheinwerfer, seine Augen kugeln sich, als würden sie nächstens platzen, seine Sprache der Hände drückt dasselbe aus, das damals der Engel als die gute Mär verkündet hat. Still und starr warten wir, und dann platzt es raus:

«Das Christkind war echt da! Niemals im Leben könnt ihr, Vati und Mutti, mir weismachen, dass es das Christkind nicht gibt. Nicht die Eltern legen die Geschenke unter den Baum, nein, ich hab's gehört, aber schnell war es!»

Es wird locker im Buben, das innere Feuer verglüht, die Augen funkeln vor Freude und er geniesst es wieder, sein Stück Fleisch in Ruhe zu kauen.

Und es ist noch heute ein Geheimnis, was damals im Hausgang wirklich zu hören war.

«Das Schicksal als Chance zu packen, nahmen wir ernst»

Jacqueline Affolter schreibt seit jeher gerne

Seit ich einen Stift ergreifen kann, schreibe ich. Vom Gekritzel über Buchstaben ergab es später Geschichten und Gedichte.

Ich wurde 1963 geboren, wuchs in Rüegsauschachen auf und erlernte den Beruf Konditorin/Confiseuse, besuchte die Bäuerinnenschule und absolvierte die Bauern- und Unternehmungsschule (BUS).

Mit zwei Söhnen und zwei Töchtern bewirtschafteten mein Mann und ich den Hof in Oekingen (SO), der im Jahre 1998 niederbrannte.

Jacqueline Affolter, verträumt im Wald sitzend. Auch im Winter lässt sich vom Frühling träumen. (Bild: Archiv Affolter)

Das Schicksal als Chance zu packen nahmen wir ernst. So bewirtschaften wir seit 2000 von Wynigen BE aus den früheren und den heutigen Betrieb. Seither arbeite ich leidenschaftlich als Bäuerin in der Selbstversorgung, im Bürobereich und auch im Stall. Die ganze Familie hatte harte Jahre, um den Betrieb Vorder Leggiswil nach Tierschutz-Vorschriften und den ÖLN einzurichten, denn neu war da gar nichts, aber es hatte genügend Land, um eine Existenz aufzubauen. Unser Betrieb liefert marktorientierte Produkte aus den drei Bereichen Milchwirtschaft, Ackerbau, Schweinemast nach IP (Integrierte Produktion).

Etwas freier bin ich im Umgang mit der nicht landwirtschaftlichen Bevölkerung: Wir bieten «Bed and Breakfast» an, und da kann ich mich, trotz der gesundheitlichen Einschränkung, ganz den Bedürfnissen der Gäste anpassen und sie individuell im Kleinen und Feinen bedienen.

Auf dem früheren Hof sind die wundervollen Minuten der Weihnachtsgeschichte passiert. Der älteste Sohn war damals mit sechs Jahren gerade in dem Alter, wo es schwierig wurde zu entscheiden, ob das Weihnachtskind noch «gespielt» werden darf. Nach diesem Geschehen am Heiligen Abend bekam das Engelwesen eine andere Bedeutung. Schön ist es, dass diese Geschichte auch andere lesen dürfen. Das Licht in mir wird noch viel heller, denn mein Hobby ist die Natur selber, ihre Kraftorte und ihre Heilmittel. Darüber habe ich mir ein grosses Wissen angeeignet. Der Generationenwechsel ist zwar eine Herausforderung, aber da ich dadurch auch mehr Zeit habe, kann ich still gelegte Synergien im neuen Lebensabschnitt hervorholen.

Werden wir Bauern im Freihandelsabkommen nicht respektvoller behandelt, wird auf unserer Welt ein grosses Brauchtum vernichtet, und die Lebensqualität dazu.

Jacqueline Affolter

Erika Heiniger, Heimisbach BE

Tierische Weihnacht – eine kleine Weihnachtsgeschichte

Die verschneiten Hügel boten ein gespenstisches Bild. Man wähnte sich in einer weissen Schneewüste. Jedoch erinnerten einen die vereinzelten Linden auf den höchsten Kuppen und die Tannen, die unter der schweren Schneelast ächzten, sofort daran, dass man eigentlich im Emmental war. Ich hatte schon lange gezählt, wie oft ich noch schlafen musste, bis Heiligabend war. Für mich, damals als Zweitklässlerin, der schönste Tag des Jahres, noch schöner und wichtiger als der eigene Geburtstag.

Beinahe den ganzen Tag hatte ich mit meinem jüngeren Bruder im Schnee verbracht. Das schmale, steile Natursträsschen, das vom Tal zu unserem Hof hinaufführte, bot eine ideale Schlitten-Rennbahn. Vater hatte in den letzten Tagen immer wieder mit dem Traktor Holzträmmel geschleift, was eine absolut spiegelglatte Oberfläche ergab. Hie und da endete eine Fahrt abrupt im Drahtgeflechtzaun der Kälberweide, und naiv provozierte Auffahrunfälle führten zu Nasenbluten und gequetschten Fingern.

Als wir gegen halb fünf ins Haus gingen, roch es nach frisch gebackenen Weihnachtsgüetzi. Vaters «Holzerhosen», die zum Trocknen neben dem Herd hingen, verbreiteten zusätzlich einen heimeligen Waldduft. Nach dem Zvieri machten wir uns zusammen mit den Eltern an die Stallarbeit. Ich hatte in dieser Woche das bevorzugte Ämtli: Ich musste nur das Milchgeschirr zusammensetzen und bereitstellen. Anschliessend schaute ich ein wenig fern. Es lief ein Märchenfilm, der von Heiligabend handelte und davon, dass Tiere an diesem Abend um Mitternacht für eine Stunde sprechen können. Schnell schaltete ich den Fernseher aus, da meine Mutter im Anmarsch war. Es gab sonst Ärger.

Wir feierten an diesem Abend Weihnachten wie jedes Jahr: Wir assen Fondue, sangen Lieder, Vater las die Weihnachtsgeschichte vor, und wir Kinder bestaunten den geschmückten Tannenbaum, ich wie jedes Jahr mit einer Heidenangst, die wenigen echten Kerzen, die zusätzlich zu den elektrischen am Baum befestigt waren, würden unser Haus niederbrennen lassen. Mutter pflegte stets zu sagen: «Du musst keine Angst haben, Vati ist ja in der Feuerwehr.» Warum mich das tatsächlich beruhigte, kann ich beim besten Willen nicht mehr nachvollziehen. Wie jedes Jahr ging auch dieser Abend viel zu schnell zu Ende. Das Lüften der Stube vertrieb wie immer den letzten Zauber und nachdem der Vater, wie jeden Abend, noch einmal in den Stall ging, um die Kühe «ins Bett zu bringen», war Heiligabend endgültig vorbei.

Ich konnte lange nicht einschlafen. Ich wälzte mich im Bett hin und her, bis mir plötzlich einfiel, was ich am Abend im Fernsehen gesehen hatte: Bald war Mitternacht und die Tiere konnten sprechen. Das durfte ich auf keinen Fall versäumen, hatte ich es doch schon acht Mal verpasst! Leise suchte ich nach meinen Stallkleidern. Endlich hatte ich alles beisammen und schlich nach draussen. Ich öffnete zuerst die obere und dann die untere Stalltüre und merkte sofort, wie ein wenig Unruhe unter den Tieren aufkam. Ich machte kein Licht und lief den Stallgang entlang bis zuunterst. Dort befand sich auf der linken Seite der Platz meiner Lieblingskuh «Jessica». Sie lag im weichen Stroh. Ich zwängte mich nach vorne zur Krippe. Dort setzte ich mich hin und kraulte sie hinter den Ohren. Es war längst zwölf Uhr. Wie konnte ich nur herausfinden, ob sie sprechen konnte oder nicht? Ich begann, ihr von meinem Tag zu erzählen, wie ich mit meinem Bruder Schlitten gefahren und wie der Abend schön gewesen war mit all dem Licht und dem feinen Essen. Ich erzählte ihr, wie glücklich ich sei, hier zuhause zu sein und so liebe Eltern zu haben, und dass ich froh sei, dass es ihr gut gehe. Immer wieder liess ich ihr Zeit, mir zu antworten, doch irgendwie wollte sie nicht. Mehr als ein genüssliches Schnauben oder ein leises Rülpsen war nicht zu vernehmen. Je länger ich bei Jessica im Stroh sass, desto klarer wurde mir, dass das im Fernseher wohl doch nur eine Geschichte gewesen war. Ich hatte schon vermutet, wenn die Tiere an Heiligabend wirklich sprechen konnten, hätte Vater mir das bestimmt gesagt. Trotzdem blieb ich im Stall und erzählte weiter. Ich streichelte Jessicas Hals, lehnte mich an sie und hätte auf der Stelle einschlafen können. Ich weiss nicht mehr, wie lange ich im Stall blieb. Irgendwann begab ich mich dann doch zurück in mein Bett. Mir wurde an diesem Abend bewusst, dass sich Tiere auf andere Art ausdrücken als mit Sprechen. Es liegt einzig an uns Menschen, ob wir sie verstehen wollen oder nicht.

«Schreibend träumen hilft beim Leben»

Erika Heiniger – das Bauernkind als Bauverwalterin

An der Viehschau. Erika Heiniger hat seit jeher eine grosse Zuneigung zu Tieren. (Bild: B. Steiner)

Erika Heiniger schreibt, seit sie schreiben kann. Sie schreibt stets für sich selber. Wie bei einer Fabel vermischen sich dabei Wahres und Erfundenes. Wenn der Inhalt nicht zu privat ist, gibt sie den Text ihren Angehörigen zum Lesen. Anlass zum Schreiben sind Dinge, die Erika Heiniger beschäftigen. In schweren Zeiten hilft das Verfassen von Texten beim Verarbeiten. Sie schreibt immer «vo Hang», lässt Gedanken und Gefühle gleichsam in die Finger fliessen. Aus dem Erlebten ergibt sich die Dichtung durch Ausschmücken. Eine Traumwelt zu erfinden, wie man sie gerne hätte, hilft beim Verarbeiten. Die Geschichte mit den Tieren ist in der Weihnachtszeit entstanden.

Erika Heiniger ist 1984 geboren und auf dem Bergbauernbetrieb ihrer Eltern in Heimisbach im Emmental aufgewachsen. Der Hauptbetriebszweig ist die Milchwirtschaft mit etwas Ackerbau. Ihr Bruder wird den Betrieb weiterführen. Das Leben auf dem Bauernhof ist für Kinder nicht immer einfach. Aber das Aufgewachsensein auf dem Hof spielt eine nicht zu unterschätzende Rolle im späteren Leben. Als erwachsener Mensch nimmt man nur das Positive mit: den Bezug zu den

Tieren und zur Natur. Die Wurzeln in der Kindheit geben eine gesunde Bodenständigkeit!

Erika Heiniger arbeitet in der Gemeindeverwaltung von Köniz (BE), einer Gemeinde mit ca. 38 000 Einwohnern und absolviert gerade einen Ausbildungskurs zur Bauverwalterin. Auch Bauen hat einen Bezug zur Natur – Erika Heiniger bringt das Verständnis dafür mit!
Als ehemaligem Bauernkind liegt ihr die Zukunft der Landwirtschaft am Herzen. Den Wert der Nahrung möchte sie bewusst machen und den Wert derer, die sie produzieren!

Regula Wloemer

Das Heimet, wo Erika Heiniger aufwuchs, Aesch in Heimisbach.
(Bild: E. Heiniger)

Der Berner Sennenhund freut sich am winterlichen Schnee.
(Bild: E. Ehrat)

Abschiedserfahrung

Auch hier spielt der Wind in den Bäumen
und Vögel singen ihr Lied. Weit
wird der Raum mir, zu träumen
und gross wird die Dankbarkeit.

Und was ich auch hinter mir lasse,
eine Zeit lebendig und bunt,
wird dann, eh ich es fasse,
zu einem tragenden Grund.

Rosmarie Ritzmann

Bild: Katharina Häberli

Inhaltsverzeichnis

– Autorenverzeichnis der Bäuerinnen und Bauern 3
– Autorenverzeichnis der übrigen Beiträge 4
– Illustrationen 4
– Was i ha 5
– Herausgeber 6
– SRAKLA 9
– Vor-Wort von Ueli Tobler 12

Einige Gedanken zum Anfang **15**
– Ueli Tobler: Ich bin keine typische Bäuerin / Produktivität 15
 – Jakob Nussbaumer: Ländliche Kultur / Der bäuerliche Auftrag 17

Frühling
– Peter Egli: Des Bauern Glück 22
 Portrait Peter Egli 24
– Willy Keiser, Pflugspuren 27
 Portrait Willy Keiser 31
– Claudia Künzi-Schnyder: Hartholz fürs Ehefeuer 35
 Portrait Claudia Künzi-Schnyder 38
– Portrait Katharina Häberli, Illustratorin und Bäuerin 40
– Hanni Salvisberg: Jungi Füchsli / Ds Fürte 44
 Portrait Hanni Salvisberg 46
– Frieda Streit-Etter: Fest gewurzelt 51
 Portrait Frieda Streit-Etter 53
– Jakob Alt: Wis eso gaht / Nur Mut / Innovativ und flexibel / 55
 Öpfelschnitz
 Portrait Jakob Alt 59
– Esther Monaco-Lehmann: Alpläbe / Früehlig 62
 Portrait Esther Monaco-Lehmann 64

Sommer
– Ueli Johner-Etter: Uf e Schindong-Märit   70
  Portrait Ueli Johner-Etter   75
– Alice Jordi: Die Tagblattmethode   77
  Portrait Alice Jordi   80
– Margrit Affolter-Schweizer: Sommerabende   82
  Portrait Margrit Affolter-Schweizer   85
– Ernst Ehrat-Gysel: De Oobesitz   89
  Portrait Ernst Ehrat-Gysel   95
– Willi Gerber: Der Informations-Anlass / Abgefedert /   99
  Ich muss! Ich muss
  Portrait Willi Gerber   102
– Barbara Perreten: Kontrascht / Louene   105
  Portrait Barbara Perreten   107
– Dominik Büsser: Sunnefinsternis / Verschollene Gedanken   110
  Portrait Dominik Büsser   113
– Mathilde Wigger: Lachfilm / Nachbarschaft   116
  Portrait Mathilde Wigger   120

Herbst
– Rosmarie Ritzmann: Ferien / Üebe / Herbstmorge / Herbst   126
  Portrait Rosmarie Ritzmann   128
– Erich Feurer: Der Schulschatz   130
  Portrait Erich Feurer   133
– Marianne Bänninger-Meier: Der alte Kirschbaum   135
  Portrait Marianne Bänninger   138
– Thea Aebi, Ein Regenwurm erzählt   141
  Portrait Thea Aebi   143
– Frieda Geissbühler: Herbst / Ein Bauer ist... / Ds Läbesbechli 146
  Portrait Frieda Geissbühler   149

– Elisabeth Berweger: Herbst / Loslassen / Das Märchen   153
(oder heisst es Schneewittchen?)
Portrait Elisabeth Berweger   155

Winter und Weihnachtszeit
– Lydia Flachsmann-Baumgartner: Jahresende –   160
Aus den Jugenderinnerungen einer Weinländer Bäuerin
Portrait Lydia Flachsmann-Baumgartner   163
– Elisabeth Zurbrügg: In den Tagen des Boskop-Baums   165
Portrait Elisabeth Zurbrügg   171
– Uorschlina Etter-Clavadetscher: Das Weihnachtssternchen   175
Portrait Uorschlina Etter-Clavadetscher   178
– Lydia Hadorn: Em Micheli sini Wienachte   181
Portrait Lydia Hadorn   182
– Frieda Grob: Stille Nacht, heilige Nacht /   185
En bsundere Samichlaus-Obig
Portrait Frieda Grob   190
– Jacqueline Affolter: Guten Abend, Christkind   194
Portrait Jacqueline Affolter   197
– Erika Heiniger: Tierische Weihnacht –   199
eine kleine Weihnachtsgeschichte
Portrait Erika Heiniger   202
– Rosmarie Ritzmann: Abschiedserfahrungen   205